Research Papers

Forschungsgesellschaft für Archäologie,
Astronautik und SETI A.A.S. (Hrsg.)

Nr. 3



Dr. Hermann Burgard

# Das *IM.DUGUD-Rätsel* und die Raumgleiter der *Dingir*

## Neue Beweise aus uralten Keilschrifttexten für erstaunliche vorgeschichtliche Fakten

Research Papers

Forschungsgesellschaft für Archäologie,
Astronautik und SETI A.A.S. (Hrsg.)

Nr. 3

Dr. Hermann Burgard

# Das *IM.DUGUD-Rätsel* und die Raumgleiter der *Dingir*

Neue Beweise aus uralten Keilschrifttexten
für erstaunliche vorgeschichtliche Fakten

*Auf dem Coverfoto sieht man die Abrollung eines Siegelzylinders Löwenkopf-Adler über Mythen-Tier, Uruk-Zeit vor 3.000 v. u. Z., Louvre, MNB 1167, CC0-Lizenz*

„Das *IM.DUGUD-Rätsel* und die Raumgleiter der *Dingir*"
1. Auflage April 2023

Ancient Mail Verlag Werner Betz
Europaring 57, D-64521 Groß-Gerau
Tel.: 00 49 (0) 61 52/5 43 75, Fax: 00 49 (0) 61 52/94 91 82
www.ancientmail.de
Email: ancientmail@t-online.de

Kontakt Dr. Hermann Burgard:
ALBU.Dr.Burgard@t-online.de

*Bibliografische Information der Deutschen Nationalbibliothek: Die Deutsche Nationalbibliothek verzeichnet diese Publikation in der Deutschen Nationalbibliografie; detaillierte bibliografische Daten sind im Internet über http://dnb.dnb.de abrufbar.*



Lektorat: Silvia Zemp und Peter Fiebag
Covergestaltung: Werner Betz
Druck: WIRmachenDRUCK GmbH, D-71522 Backnang

**ISBN 978-3-95652-332-8**

# Inhaltsverzeichnis

# Einführung

Diese Untersuchung steigt in einen Abschnitt der Menschheitsgeschichte ein, der vor etwa 13.000 Jahren beginnt und vor etwa 4.000 Jahren endet. Schauplatz ist vor allem das damalige Sumer und Akkad, die jetzige Gegend um die Flüsse Euphrat und Tigris im Irak. Anlass der Untersuchung war mit IM.DUGUD ein Begriff der uralten sumerischen Sprache, die aber schon seit etwa 4.000 Jahren nicht mehr gesprochen wird. Dafür lieferten bisher die zuständigen Sprachwissenschaftler widersinnige Übersetzungen wie „Götterkeule", „Lehmbrocken", „Wirbelsturm" oder „Schleuderstein".

Offensichtlich aber war IM.DUGUD ein am Firmament schwebendes oder fliegendes Phänomen. Darauf Bezug nehmende uralte Keilschrift-Texte werden daher umfassend überprüft betreffend die Umschrift der Keilschriftzeichen in moderne abc-Schrift, die alternativ möglichen Aussagen der gefundenen sumerischen Ausdrücke auf Deutsch und mögliche Hör- oder Verständnisschwierigkeiten der alten Schreiber, denn die verfügbaren Tontafeln sind Kopien, die z. T. erst mehr als ein halbes Jahrtausend nach Textkonzeption entstanden sind.

Höchst Erstaunliches tritt zu Tage, wenn die möglichen deutschen Bedeutungen sumerischer Worte in Zusammenhang mit Himmelskunde und Erdgeschichte gesehen werden und technologische Zusammenhänge nicht von vornherein ausgeschlossen wer-den, wie dies universitäre Sumerologen durch einen verengten Blickwinkel fast zwangsläufig tun. Denn sie konnten in ihren Lernunterlagen für ein bestimmtes Keilschriftzeichen nur den gedeuteten Begriff „Gott/Götter" kennenlernen. Diese Übersetzung wurde und wird von ihnen völlig unkritisch und unhinterfragt aus dem eigenen geschichtlichen Kulturraum auf die sumerische Religion, Mythologie und Kultur übertragen.

Aus dem Dunkel der Steinzeit erscheint aber, durch nicht zu widerlegende archäologische Fakten gesichert, statt „Göttern" eine Besatzungstruppe, herabgestiegen aus einer im Weltall um den Erdäquator schwingenden Basisstation. Wir würden heute Raumstation dazu sagen. Diese Persönlichkeiten unbekannter Herkunft mit menschenkompatibler DNA wurden von den zeitlich nach den Sumerern in Keilschrift schreibenden Babyloniern als „Dingir" bezeichnet.

Ziel der vorgelegten Schrift- und Textanalyse ist, das von den Sumerern überlieferte Firmament-Phänomen IM.DUGUD zu erfassen. Es ergibt sich u. a., dass der untersuchte Begriff nur eine von mehr als zwei Dutzend Benennungen war, mit denen die Sumerer einen gefährlich bewaffneten Raumgleiter der Dingir beschrieben haben, der ebenso wie ein anderer technologisch hochstehender bewohnbarer Raumgleiter der Dingir auf- und absteigenden Verkehr mit der um die Erde kreisenden Raumstation „Himmel" hatte.

**In der Vorgeschichte der Menschheit taucht so eine hochtechnisch handelnde Zivilisation letztlich unbekannter Herkunft auf, deren reale Existenz nicht mehr zu bestreiten ist.**

## Eine Botschaft von vor der Flut

Vielleicht ist der Geschichtsforschung bisher eine Tatsache nicht bewusst geworden, die in der sprachwissenschaftlichen Untersuchung „Flutheld Ziusudra" der A.A.S. [1] nachgewiesen worden ist: Schon vor einer Katastrophenzeit, die von Astrophysikern und Geologen auf etwa 12.900 bis 11.700 vor unserer westlichen Zeitrechnung (künftig v. u. Z. abgekürzt) angesetzt wird, herrschte zumindest um das östliche Mittelmeer eine *„Dingir"* genannte Besatzungstruppe. Deren Charakter ist bereits vor rund hundert Jahren durch Forschungen von Prof. Deimel [2] offengelegt worden. Seine Überlegungen werden von mir in „DINGIR nicht ‚Götter' retteten die Menschen nach der Sintflut", 2022, [3] S. 23 – 30, analysiert und können wie folgt zusammengefasst werden:

*Als Dingir wurden von den Babyloniern Entscheider/Befehlsgeber mit Flugschalen und anderen Flugapparaten bezeichnet, die mit einem „Schnell-Drehenden" strahlend/leuchtend aus einer Orbitalstation herabgestiegen sind und die sich als einzigartige Gestalter und Richter betätigten. Für ihre Fluggeräte verwendeten sie u. a. Karbidgas/Azetylen.*

Gemäß [1] setzten diese Entscheider am Göbekli Tepe (heutige Türkei) und anderen jetzt dort *total zugedeckten hochliegenden Lagern*[1)] den auch in der „Su-

---

1) wörtliche Übersetzungen aus Keilschrifttexten werden künftig in Kursivschrift wiedergegeben

merischen Königsliste“ nachgewiesenen König Ziusudra als Chef über die nach der Katastrophenzeit verbliebene *Keimzelle der Menschheit* ein. Die Katastrophenzeit ist identisch mit der Zeit der *zerstörerischen Flut* sumerischer, akkadischer und babylonischer Keilschrifttexte und der Sintflut-Zeit der Bibel. Die später *zugeschütteten hochliegenden Lager* funktionierten etwa 1.200 Jahre und werden in Keilschrift präzisiert als *in den Bergen mit Steinbrüchen* liegend, *dem Land der Röstöfen für die Azetylen-Erzeugung.* Daher ging es in diesen Lagern, wie in [1] nachgewiesen, letztlich um die Sicherung des wichtigsten Bedürfnisses, das die *Dingir* am Ende der Katastrophenzeit hatten: die Produktion von Treibstoff für ihre großen und kleinen Fluggeräte.

Rund um das östliche Mittelmeer gab es laut Burgard/Grathwohl (2020) mindestens Jahrhunderte vor einer *zerstörerischen Flut* als auch noch Tausende von Jahren danach – historisch gesichert bis zu Lebzeiten der Priesterfürstin Encheduanna – Entscheidungsträger mit Flugapparaten, die als eine Art Besatzungstruppe in den Lauf der Geschichte eingriffen. Diese Tatsache kann nicht bestritten werden. [4]

Was wir heute dort „Tempel“ nennen, waren ursprünglich Gebäudekomplexe, die als Ruheplatz, Versorgungsstation, Nachrichtenzentrum, Produktionsstätte, Flug-Leitstelle und allgemein als technische Stützpunkte diesen *Entscheidungsträgern* dienten. Die Tempel und *Schreine* verfügten über *Sender* und *Empfänger* und die metallenen Spitzen der Türme waren Funk-Antennen. Der Sprechverkehr reichte bis in die Weiten des Weltalls, wo auch das von französischen Assyriologen mit *Himmel* übersetzte *Oben-Gerät* schwebte, eine Orbitalstation unbekannter Herkunft, die nicht zur Landung auf der Erde bestimmt war.

Gemäß der vorstehend zusammengefassten Beschreibung der Babylonier waren die *Dingir* aus diesem *Oben-Gerät* mit einem *Schnell-Drehenden* herabgestiegen. Über das *Oben-Gerät*, die Orbitalstation „*Himmel*", wird in [5] eingehend berichtet.

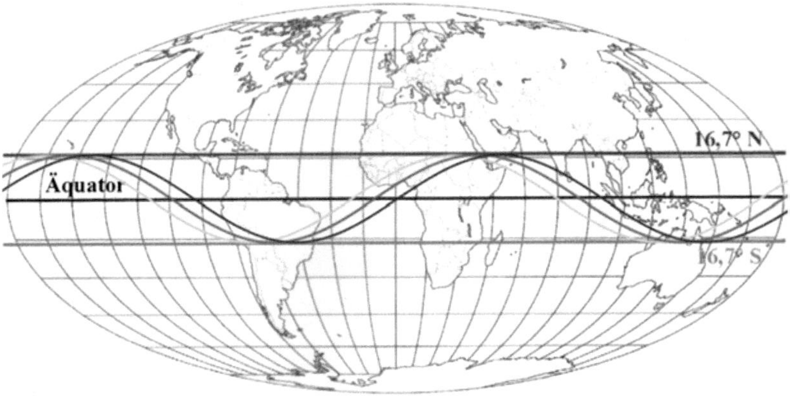


*Abb. 1:*
*Ober- und Untergrenzen des Anu-Weges, d. h. des Umlaufs der Orbitalstation, gesehen aus dem All in Projektion auf die Erdoberfläche – Schwingbreite für die Umläufe 16.69° Nord bis 16.69° Süd – der Abstand des vertikal um die Erde umlaufenden Schwingungsringes von deren Oberfläche ist nicht bekannt. (Annahme: etwa mindestens 500 km) Quelle: Abb. 7 in [5]*

Der *Schnell-Drehende* wird dort ohne allzu viele Details als das „*Licht*" bezeichnet, das als große Flugschale *auf vorbestimmten Pfaden* auf- und absteigenden Verkehr abwickelt. Modern würden wir von einem Raumgleiter sprechen.

Da so nachgewiesen ist, dass *Dingir* aus einer um den Erdäquator schwingenden Orbitalstation herabgestiegen sind und über Jahrtausende hinweg mit dieser Verkehr gehabt haben, dürfte es sich einerseits lohnen, möglichst viele Hinweise zu sammeln, gemäß denen das „*Licht*", der *Schell-Drehende*, den Verkehr zwischen Erde und Orbitalvehikel als Raumgleiter abgewickelt hat.

Andererseits bleibt zu prüfen, was sich hinter Keilschrifttexten verbirgt, die ähnliche Flugbewegungen im Raum anzudeuten scheinen, dabei aber die unterschiedlichsten Bezeichnungen für das Gesamtphänomen verwenden.

Die nachfolgende Analyse durchforscht in diesem doppelten Sinn Keilschrifttexte, die alle mindestens vor 3.000 Jahre verfasst worden sind, manche gehen bis beinahe 5.000 Jahre zurück.

Der Leser möge sich vorweg nicht davon verwirren lassen, dass dabei in Keilschrifttexten die unterschiedlichsten Bezeichnungen wie zum Beispiel *AN.MI*, *IM.DUGUD*, $muru_9$, $u_4$ usw. ausgemacht werden oder in orthodoxen wissenschaftlichen Umschriften von Keilschrifttexten ein *Anzu-Vogel* zu finden ist.

## Wetterwolke oder Lehmbrocken ?

Die zwei Begriffe, die in dieser Zwischenüberschrift als fragwürdig gekennzeichnet werden, stellen ebenso wie *Anzu*-Vogel, *IM.DUGUD* oder *Götter-Keule* von Sumerologen angeblich gefundene Bezeichnungen oder Übersetzungen für ein und dasselbe Phänomen dar. Doch handelt es sich dabei, wie der Leser dieser Untersuchung feststellen wird, nur um eine begrenzte Auswahl aus den Findungen, mit denen technologisch überforderte Sprachforscher beim Keilschriftlesen oder Übersetzen sich selbst und die Wissenschaft verwirrt haben.

Zur Ehrenrettung mag beitragen, dass die Keilschrifttexte, die zu diesen Übersetzungen geführt haben, sich über Tausende von Jahren verteilen. So hat sich denn auch einerseits das gedankliche Bild des Phänomens im Laufe der Zeit zum Teil wesentlich gewandelt. Andererseits lassen die Texte selbst deutlich durchscheinen, dass schon vor mehr als 4.000 Jahren die alten Schreiber und Kopisten oft nicht mehr verstanden, worum es in der Sache ging.

Um zu klären, welches Phänomen so verwirrend gewesen sein kann, wird zunächst ein Artikel von Dr. Kamran Vincent Zand, einem Wissenschaftlichen Mitarbeiter in der Assur-Forschung an der Universität Heidelberg angezogen. Dr. Zand studierte Altorientalistik, Iranistik, Indogermanische Sprachwissenschaft und Vorderasiatische Archäologie an den Universitäten Hamburg und Göttingen. Kamran Zand hat sich –

dem Titel nach – mit den „Schreibungen“ eines Anzu-Vogels in der Fara-Zeit befasst. [6] Er geht dabei seltsamerweise im Wesentlichen auf Keilschriftquellen und sumerische Benennungen eines frühen Zeitabschnitts ein, für den äußerst fraglich ist, ob in Keilschrifttexten selbst überhaupt schon die Rede von einem Anzu-Vogel ist. Offensichtlich bezieht er sich für diesen „Vogel“ auf frühe, rein bildliche Darstellungen ohne Text, die einen löwenköpfigen Adler zeigen. In Worttexten ist ein Anzu-Vogel nämlich erst seit der Ur-III-Zeit zu finden, demnach so um 2.100 v. u. Z. und etwa 500 bis 600 Jahre nach der Periode, für die Zand die ältesten Keilschriftschreibungen für das Phänomen bespricht.

*Abb. 2:*
*Löwenadler, ca. 2.500 v. u. Z., Kupfer, Tell al-Ubaid, British Museum, wikipedia.org*

Doch damit haben wir noch keinen Anzu-Mythos. Denn dieser ist erst 200 Jahre nach der ersten namentlich bekannten Autorin der Weltgeschichte, der schon angesprochenen Priesterfürstin Encheduanna, in einem Keilschrifttext auf Sumerisch kurz belegt. Er existiert in den bisher bekannten Keilschriftquellen hauptsächlich in einer viele Jahrhunderte später anzusetzenden altbabylonischen Fassung, in der ein $^{d}$*NIN.GIR.SU* als Gegner Anzus beschrieben wird, und einer noch späteren babylonischen Fassung, in der ein $^{d}$*NIN.URTA* der Antagonist Anzus ist.

Um den geistigen Hintergrund aufzuzeigen, vor dem K. V. Zand als orthodoxer Sumerologe argumentiert, sollte hier ursprünglich in einem ersten Redaktionsversuch zum besseren Verständnis vorweg eine Zusammenfassung der zwei Versionen des erwähnten Anzu-Mythos geliefert werden. Dies unterbleibt jedoch, weil mit den überlieferten sehr späten und teilweise unvollständigen Mythen-Fassungen für das endgültige Analyseergebnis – betreffend den oder die Raumgleiter der *Dingir* – nichts gewonnen würde. Im Gegenteil: Durch diese Mythenfassungen geistert ein „Gott“ wechselnder Gestalt, teils als seltsamer Vogel, teils mit menschlichen Zügen, teils in dräuender Wolkenform, teils mit Kombinationen dieser Gestaltsformen.

Zunächst erfolgt stattdessen eine kritische Besprechung der vielen wertvollen Hinweise, die der Altorientalist Zand selbst bringt, um recht unterschiedliche Keilschriftquellen zu deuten. Das Ganze wird anschließend, umfangreich begründend, mit eigenen Lesungen und Übersetzungen von Keilschrifttexten, insbesondere der Hohepriesterin Encheduanna, abgeglichen, die Zand entweder leider nicht gekannt oder bewusst nicht beachtet hat.

## Schreibungen des Phänomens gemäß Zand

Entsprechend seiner Tabelle (S. 433) stammt die älteste bekannte Schreibung aus der Stadt Ur um 2.600 v. u. Z. (gemäß der sog. mittleren Chronologie). Dafür wurde die Keilschrift-Zeichengruppe *AN.MI* verwendet. An anderer Stelle in [6] meint er ergänzend, das Keilschriftzeichen *AN* sei dabei nach herrschender klassischer Lehre auszusprechen gewesen und nicht, wie sonst üblich, als *Dingir*-Determinativ [d] zu nehmen. Eine Übersetzung der Bezeichnung *AN.MI* nimmt er nicht vor, weil er – wie grundsätzlich alle orthodoxen Altorientalisten – derartige Zeichenfolgen für „Logogramme“ und somit für unübersetzbar hält. Damit sei aber seiner Auffassung nach sicher ein Anzu-Vogel gemeint gewesen. Was auch immer er damit selbst gemeint haben könnte ...

Wenn man das Keilschriftzeichen *AN* als Determinativ ausschließt, hat es u. a. die Bedeutung *Firmament* oder meint den *Obersten AN der Dingir.*

Das Zeichen *MI* wird normalerweise als *Nacht* oder *dunkel* gedeutet. Doch gibt das „electronic Pennsylvania Sumerian Dictionary“, ePSD, [7], auch den selteneren Wert *Vogel* wieder.

Dann darf man dieses behauptete „unübersetzbare Logogramm“ *AN.MI* als *Firmament-Vogel* oder auch als *Vogel des AN* erfassen.

In sumerischen Listen von natürlichen Vögeln wird *MI.MUSHEN* als ein natürlicher Vogel und genauer als *Nacht-Vogel* geführt, ein *Firmament-Vogel* oder Ähnliches wird nicht gelistet. Im Umkehrschluss kann man daraus entnehmen, dass der *Firmament-Vogel/Vogel des AN* zwar ein Flugobjekt war, aber kein natürlicher Vogel. Wir tragen dem bei der Übersetzung Rechnung, indem für das fliegende Ding Anführungsstriche verwendet werden: *„Vogel"*.

Zeitlich folgen gemäß der Zand-Tabelle in Ur und Uruk auf verschiedenen Keilschrifttafeln fünf Schreibungen mit *AN.NI*$_2$*.MI.* Der *Firmament-„Vogel"/„Vogel" des An,* der soeben abgeleitet worden ist, wurde demnach in den uralten Texten zusätzlich durch *NI*$_2$ näher charakterisiert.

Die Liste der „Zeichen aus archaischen Texten aus Uruk", ZATU, führt dieses *NI*$_2$ als Nr. 396 mit der Bemerkung, es handele sich um eine Ligatur der Zeichen für *IM* und *A*, orthodox bekannt für *IM = Wind/Sturm* und für *A* u. a. auch *Wasser*.

Damit sollen wir angeblich orthodox bei etwas wie *NI*$_2$ *= Regensturm* gelandet sein. Ein *Regensturm-Firmament-"Vogel"* oder Regensturm-*„Vogel" des AN* macht aber im Zusammenhang der alten Texte keinen Sinn.

Derartige Ligaturen dienen im Sumerischen indessen oft dazu, neue Begriffe zu umschreiben. Nun weiß man sicher, dass *IM* zumindest später in den „Tempelhymnen" der Encheduanna öfters auch die seltenere

Bedeutung *Gas* hat, wie in [11] eindeutig bei Tempelhymne 42, Zeile 537, abgeleitet worden ist.

Wenn man – wie durch *$NI_2$* nahegelegt – für die von Zand gefundenen Ur- und Uruk-Schreibungen eine logische Verbindung von *Gas* zu *A* sucht, dann findet man auf Deutsch eine Kurzübersetzung *Wasser-Gas*. Die Bedeutung der drei Zeichen geht dann aber in Richtung eines „*Vogels*", der am *Firmament* ein *Gas* nutzt, was, wie oben postuliert, eine natürliche Vogelart ausschließt.

Es könnte sich von der Sprachlogik her um einen *künstlichen/konstruierten Wasser-Gas-„Vogel" des AN am Firmament* handeln – deutlicher um einen *Wasser-Gas-Flugapparat am Firmament*.

Die sog. „Tempelhymnen" der Priesterfürstin Encheduanna und meine Erstinterpretation davon in [10] und [11] bestätigen die oben – aus den von Prof. Deimel überlieferten Zeichennamen der Babylonier – abgeleitete Definition der *Dingir* in einem speziellen Punkt mehrfach. Diese hätten zum Antrieb von Flugapparaten unter anderem Karbidgas/Azetylen benutzt. Das aber ist, in ungelenker frühgeschichtlicher Beschreibung, ein *Wasser-Gas*, da es unter Verwendung von *Wasser* mit Karbid hergestellt wird.

Wir hätten dann für *$AN.NI_2.MI$* einen *Azetylen-Firmament-„Vogel"* gefunden oder einen *Azetylen-„Vogel" des AN*, auf alle Fälle eine vorgeschichtliche Umschreibung für einen *flugfähigen Azetylen-Apparat*.

*AN.NI₂.MI* bezeichnet daher, obwohl nach orthodoxer Auffassung ein nicht übersetzbares Logogramm, einen *Azetylen-Flugapparat des AN und damit der Dingir.*

In der nachfolgenden Fara-Zeit (sog. „Frühdynastisch III a", etwa 2.600 – 2.520 v. u. Z.) schreibt man für den von Zand grundsätzlich und ohne klare Hinweise als Bedeutung angezogenen „Anzu-Vogel" überwiegend *AN.MI* $^{mushen}$, aber auch recht zahlreich *AN.NI*$_2$*.MI* $^{mushen}$. Dabei war das Zeichen *AN* wieder aus orthodoxer Sicht nicht als *Dingir*-Determinativ anzusehen, sondern auszusprechen.

Dies bringt nichts Neues. Offensichtlich wollte man mit der uralten Hinzufügung von $^{mushen}$, d. h. des Vogel-Determinativs/Vogel-Kennzeichens, nur sicher gehen, dass die Nebenaussage *flugfähig* nicht verkannt wird, die ja, wie oben herausgestellt, in der selteneren dritten Bedeutung *Vogel* von *MI* bereits steckt.

In der danach einzuordnenden Zeit der Frühdynastik III b (etwa 2.520 – 2.340 v. u. Z.) passiert dann etwas, was orthodoxen Altorientalisten bisher nicht verständlich war, dem Leser nach dem, was vorausgeht, aber wohl vermittelt werden kann.

In der zeitlich vorher verfassten ZATU-Liste wird das Zeichen 396 = *NI*$_2$, da es sich aus den Zeichen *IM* und *A* zusammensetzt, konsequent unterschieden von Zeichen 264 = *IM.* Diese strikte Unterscheidung wird auch in den Fara-Texten zunächst noch beibehalten.

In dem archäologischen Fundort Abū Ṣalābīḫ (Irak), dessen historischen Namen niemand mehr kennt und dessen Besiedlung vor etwa 3.000 Jahren endet, wurde in den 1960er Jahren durch das University of Chicago Oriental Institute eines der bedeutendsten Tontafelarchive entdeckt. Aus welchen Gründen auch immer wurde hier von den Keilschriftschreibern die Unterscheidung größtenteils aufgegeben und nur noch ein einziges Zeichen, das bisherige $NI_2$, mit der Doppelbedeutung *IM* oder aber $NI_2$ verwendet. In der Liste der archaischen Keilschriften (LAK), betreffend diese Zeit, hat dieses Zeichen mit Doppelbedeutung dann die Nr. 377.

Doch ging, noch später, das Wissen um die Bedeutung *Wasser-Gas/Azetylen-Gas* für *IM* offensichtlich schließlich verloren (gefundene Ausnahme bei Encheduanna), wohl weil bei den späteren Keilschriftschreibern die Kenntnis der vorgeschichtlich zugrundeliegenden technologischen Zusammenhänge zunehmend verblasste. Diese Bedeutungsverengung führte dazu, dem Bestandteil *IM* von LAK 377 den Vorrang einzuräumen, während parallel wegen des wegfallenden technologischen Wasserbezuges dessen Bedeutung und Lesung orthodox wieder zu einfachem *Wind/Sturm* führte.

Kein Wunder also, wenn orthodox – und auch die „Vogel"-Eigenschaft vergessend (!) – heutzutage manchmal in Übersetzungen oder Deutungen von einem *Wirbelsturm* oder einer *Wetterwolke* geträumt wird, wenn ein Raumgleiter der *Dingir* gemeint ist.

*Abb. 3:*
*Löwenkopf-Adler über Mythen-Tier, Siegel-Zylinder u. Abrollung, Uruk-Zeit vor 3.000 v. u. Z., Louvre, MNB 1167, CC0-Lizenz*

Eine bisher nicht erkannte, unverfälschte Nutzung des Zeichens *IM* findet man jedoch – wie soeben angeführt – um 2.300 v. u. Z. bei der Hohepriesterin Encheduanna, bei der *IM* gemäß den Aussagen in [10] und [11] auf alle Fälle *Gas* meint. Man darf sich sogar fragen, ob *IM* bei ihr persönlich nur *irgendein* Gas erfasste oder ganz allgemein *Azetylen* im ursprünglichen Sinn des älteren Zeichens ZATU 396 = $NI_2$? Siehe dazu weiter unten.

Die Regierungszeit des Gudea von Lagasch, einer der bekanntesten Persönlichkeiten Mesopotamiens, ist umstritten. Festzustehen scheint aber, dass er etwa 20 Jahre lang herrschte und während dieser Periode vor 4.111 Jahren die sog. Ur III-Zeit anfing. Gemäß den sogenannten Gudea-Zylindern hat dieser Herrscher von Lagasch – etwa 200 Jahre nach Encheduanna – effektiv z. B. bei Tonzylinder A 27-19 – *AN.IM.MI*$^{mushen}$ schreiben lassen, wobei man sich fragen muss, ob er noch um die wahre Bedeutung wusste. Die Orthodoxie erlaubt sich jedenfalls modernerweise dies in der wissenschaftlichen Umschrift seiner Texte **fälschlich** mit *anzud₂^mushen^* oder *IM.DUGUD* umzusetzen und das mit Bedeutungen wie *Wirbelsturm/Wetterwolke* oder *Anzu-Vogel* zu übersetzen.

Bei anderen Übersetzungen späterer Texte wird, etwas verständlicher aber unzutreffend, ein *mythischer Vogel* entdeckt, dem, ausgehend von sumerischen Originalen, einerseits die moderne Bezeichnung *Imdugud* gegeben wird und, ausgehend von sumerisch/babylonischen Originalen, andererseits die moderne Bezeichnung *Anzû-Vogel.*

## Das Gesamtphänomen bei Encheduanna

Encheduanna diente als Priesterfürstin einem Staatskult, dessen Ursprünge und Glaubenssätze sie in ihren „Tempelhymnen" (TH) zusammengefasst hat. Als eingeweihte sog. Sternweise dürfte sie auch die Hintergründe des hier untersuchten Phänomens erforscht haben, bevor sie selbst zu schreiben begann. Daher könnte sie uns vielleicht aufklären, was hinter dem angesprochenen Phänomen stand.

Um dem Leser die Probleme aufzuzeigen, die beim Lesen der Keilschriftzeichen und ihrer Übersetzung auftreten, werden für jede zitierte Zeile der Hymnen, soweit vorhanden, die Lesungen und Übersetzungen vorgestellt, die als bisheriger wissenschaftlicher Standard gelten.

Zum einen handelt es sich hierbei um die Bearbeitung durch Friedrich David Heinrich Zimmern (1862 – 1931), einem der Mitbegründer der Altorientalistik in Deutschland. Er studierte Evangelische Theologie und Assyriologie an der Universität Leipzig, war dort ab 1894 Professor für Assyriologie, ab 1899 Professor für Semitische Sprachen an der Universität Breslau, sowie ab 1900 ordentlicher Professor für Orientalische Sprachen an der Universität Leipzig.

Zum andern handelt es sich um die Bearbeitung durch Dr. Eugen Bergmann, eines Jesuiten und Assyriologen, der sich 1958 – 1959 am University Museum der Universität von Pennsylvania aufgehalten hat und während dieser Zeit den Großteil der dort vorhandenen Tontafeln mit Keilschrifttexten der später so genannten Tempelhymnen zeichenmäßig kopierte. Anschließend fertigte er davon eine erste Umschrift in moderner Schrift. Nach seinem Tod im August 1965 beauftragte dann Prof. S. N. Kramer, der Kurator des Museums und damalige „Papst" der Sumerologen, Ake Sjöberg damit, die Arbeit fortzusetzen.

Der schwedische Assyriologe Åke Waldemar Sjöberg (1924 – 2014) war spezialisiert auf sumerische Sprache und Literatur. Er studierte semitische Sprachen, Religionsgeschichte und Assyriologie an der Universität in Uppsala und später in Heidelberg, wo er sich in die Akkadische und sumerische Keilschrift vertiefte. Ab 1963 arbeitete er an der Erstellung des Assyrischen Wörterbuches des Orientalischen Institutes der Universität Chicago mit und ab 1976 wirkte er in

Pennsylvania in Philadelphia an der Entstehung eines Sumerischen Wörterbuches, dem „Pennsylvania Sumerian Dictionary (PSD) mit.

Zudem werde ich auf die Übersetzungen von Joachim Krecher (1933 – 2020) zurückgreifen. Er zählt zu den bedeutendsten Sumerologen des 20. Jahrhunderts. Sein Studium der Evangelischen Theologie, sowie Klassische Philologie absolvierte er in Göttingen und wechselte dann nach Heidelberg an das Orientalische Seminar der Universität, wo er sich der Assyriologie widmete. An der Universität Münster habilitierte er und wurde 1974 Professor für Altorientalische Philologie.

Bram Jagersma, der mit J. Krecher eng zusammenarbeitete, studierte die sumerische Grammatik in seiner Freizeit und erlangte später an der Universität Leiden den Doktortitel, indem er mit einer modernen eigens entwickelten Methode der Linguistik das jahrhundertealte Sumerisch beschrieb.

Aus dem detaillierten Kommentar der unterschiedlichen Übersetzungen ergibt sich jeweils meine neue Übersetzung. Es werden nur Stellen herangezogen, in denen spezifische Aussagen zu einem Raumgleiter erfolgen. Wiederholungen von Benennungen werden weitgehend vermieden.

Auf Grund von inzwischen gewonnenen eigenen zusätzlichen sprachwissenschaftlichen Erkenntnissen weichen die Kommentare und Übersetzungen, wie ein aufmerksamer Leser merken wird, teilweise von meinen früheren Veröffentlichungen ab (vgl. [10] und [11]). Wegen unterschiedlichen erlaubten sumerischen Lesungen des jeweiligen Keilschriftzeichens und der Bedeutungsvielfalt jeder einzelnen so gefundenen Lesung sind unterschiedliche Übersetzungen jeweils vielfältig denkbar, können aber von der Sache her nicht zutreffend sein. **Was zutrifft, muss der Gesamtzusammenhang von der Sachlage her abdecken.** Was nicht zutrifft, ist daher – von der Kunstlehre Übersetzung her – nicht immer „falsch“ übersetzt, sondern nur nicht sachgerecht.

Die Herren Zimmern, Sjöberg und Bergmann, wie auch Krecher und Jagersma – und damit auch ich – beachten die Reihenfolge der Hymnen wie auf den überkommenen Tontafeln vorgefunden. Es gibt Behauptungen, dies sei nicht die Reihenfolge, in der Encheduanna sie verfasst habe. Auf alle Fälle wurde eine Hymne betreffend König Shulgi eingeschoben, die nicht von ihr stammen kann, da dieser etwa 200 Jahre nach ihr gelebt hat. Entgegen vordergründigen Behauptungen ist eine klare Aufeinanderfolge der betrachteten Handlungsorte von Süden nach Norden nicht beachtet.

Ein weiteres Rätsel stellen die eindeutigen geometrischen Beziehungen zwischen den meisten der betrachteten Orte dar, die wir mit drei Abbildungen später kurz aufzeigen, aber nicht logisch erfassen können. Die erstaunlicherweise in ganzzahligen Beru-Werten feststellbaren Abstände ergeben sich bei einer Maßeinheit des Längenmaßes Beru = 10,449864 km. (Siehe Anhang I: Was ist ein Beru?)

Im Folgenden werden die Tempelhymnen als TH abgekürzt und Zeile als Z. wiedergegeben. Die Verweise auf die einzelnen Bearbeiter werden abgekürzt mit:

- Zimmern [8]; Kurzhinweise mit ZI
- Sjöberg und Bergmann [9]; Kurzhinweise mit SB
- Krecher und Jagersma in [12]; Kurzhinweise mit KJ

**TH 1, Z. 8**

TH 1 ist dem Tempel von *Dingir EN.KI* in Eridu gewidmet.

ZI bringt lediglich bis zu Z. 7 Umschriftandeutungen und Übersetzungsversuche und vermerkt, der weitere Keilschrifttext sei „stark zerstört".

Die Umschrift bei SB lautet:

*bad*$_3$*-GIN*$_2$*-gal-zu shu-si-sa*$_2$*-am*$_3$

Das letzte Zeichen wird gemäß SB auf einer Tafelvariante als *a* gelesen.

Bei KJ findet man *GIG*$_4$ statt *GIN*$_2$ und keinen Hinweis auf eine Variante. Als Übersetzung meinen SB gefunden zu haben und KJ stimmen dem zu:

*Dein großer ...- Wall ist gut unterhalten.*

Angesichts der Freiheiten, die sich die Priesterfürstin Encheduanna immer wieder bezüglich der Grammatik nimmt, ist die Übersetzung nicht einfach. Hinzu kommt, dass das gemeldete *gal* auch die Bedeutung *große Schale* haben kann. Diese *Schale* würde dann durch *bad*$_3$-*GIN*$_2$ gekennzeichnet, durch *aufsteigen/wegschweben* verbunden mit *zusammengebaut/konstruiert*. Der zweite Teil der Zeile könnte als eine Aufeinanderfolge von Verbalaussagen verstanden werden. Die Variante mit *GIG*$_4$ = *Sichel/Hacke* ergibt keinen Sinn. Daraus folgere ich:

> Z. 8: *Deine* ***wegschwebende*** *zusammengebaute/ konstruierte* ***Schale*** *raucht/ist umwölkt, treibt hoch, erhebt sich immer wieder.*

**TH 1, Z. 9,** ist bezüglich ihrer Keilschrift-Schreibung nicht ganz klar, sie erwähnt in einer Fassung indessen gemäß Umschrift von SB die *Wartung* eines

> *dingir-ti* = *Dingir-Pfeil,*

was jedoch letztlich nicht auf eine Pfeilform abstellt: Wenn man nämlich die bei SB zusätzlich gemeldete abweichende Zeichenversion *til* für *ti* beachtet, die bei KJ, wohl sachgerechter, sogar als *til*$_3$ gelesen wird, dann entdeckt man wegen ***til***$_3$ = *leben/wohnen* vielmehr die *Wartung* eines

> ***Dingir-Bewohnten.***

Das ist im Sinn des geforderten Gesamtzusammenhangs nicht zu weit weg von der hier unmittelbar nachfolgend betrachteten Aussage für das

> ***„Licht“.***

**TH 5, Z. 64**

In TH 5 geht es um *Dingir NIN.UR.TA* als Nutzer eines Teils des *E-kur* in Nippur.

Bei ZI handelt es sich um Z. 4 von Lied 5, von der allerdings nur die erste Hälfte bruchstückhaft erfasst wird.

SB bringen

*sig₄-uₓ (= GISHGAL)-ru nu-silig-ge*

*temen u₄-ti-le-zu*

mit in unserem Zusammenhang unwichtiger Variante für *ru.*

KJ verwenden für die zweite Hälfte die Fassung

*temen ud til₃-le-zu.*

SB kommentieren über vier lange Druckspalten hinweg ihren Übersetzungsversuch und kommen dann, weit neben der Sache, zu:

*Wertvolles Backstein-Gebäude, das dauerhaft ist, dein Fundament ist ewig.*

KJ sehen als einzigen Übersetzungsunterschied statt *wertvoll* ein *weithin umherlaufend.*

Jüngere Sumerologen werden die erste Hälfte der hier nachfolgend vorgestellten Übersetzung, die mit [10] übereinstimmt, schnell gutheißen können. In der zweiten Hälfte der Umschriften stimmen *ud* oder *u₄* in der Aussage überein und meinen: *Licht.* Es handelt sich um die erste Stelle in den Hymnen, wo dieser Raumgleiter als das ***zweitgrößte Fluggerät der Dingir*** nach dem *„Himmel“* so bezeichnet wird. Von SB her könnte man auch hier zunächst auf einen *Licht-Pfeil* schließen, doch wird bei KJ wegen des Wortes *til*$_3$ = *bewohnt* sofort an den *Dingir-Bewohnten* der TH 1, Z. 9, erinnert.

Das in der Umschrift nachfolgende *le* ist als sumerischer Ausdruck hier unbestimmt und kann als zusammengezogenes und zusammengehörtes *la-e* verstanden werden, als *erhebt sich und steigt auf.* Auch darf man logisch davon ausgehen, dass die *Aufstiegsschale* nicht als *dauerbewohnt* gesehen werden soll, sondern lediglich als zur *Dingir*-Beförderung *bewohnbar.*

> Z. 64: *Der Versammlungsort aus Backstein ist der Diskussion gewidmet. Von der Rampe erhebt sich dein* ***bewohnbares „Licht“*** *und steigt auf.*

**TH 5, Z. 67**

Drei Zeilen weiter begegnet man auf Sumerisch schwer zu deutenden Aussagen. ZI bringt nichts, SB und KJ stimmen fast überein. Probleme macht die Passage

> *u*$_6$-*e*$_3$-*zu* *u*$_4$-*gim/gin*$_7$

weil *u*$_6$ weitgehend als bedeutungsgleich mit *u*$_4$ angesehen werden kann: *Glanz/Leuchten/Licht* usw. Von Z. 64 her und den meisten späteren Stellen in den „Tempelhymnen“ wäre *u*$_4$ als der Raumgleiter *„Licht“* zu erfassen, weshalb man für den zweiten Teil als *dem „Licht“ ähnlich* ansetzen müsste. Dann kann *u*$_6$ nur als *Glanz* dem vorausgehenden Tempel zugeordnet werden. Ganze Zeile:

Z. 67: *Großer Palast, dein Glanz scheint dem „Licht" ähnlich auf,*
*ein Eindruck von Ewigkeit breitet sich aus.*

**TH 5, Z. 68**

Auch hier bringt ZI nichts, SB servieren eine Umschrift mit vier verwirrenden Varianten, die Umschrift von KJ stimmt mit einer Variante von SB überein. Die Übersetzungen auf Englisch lassen zu wünschen übrig und könnten auf Deutsch etwa wiedergegeben werden mit

... *En.lil hat deinen Namen in Ehrfurcht heischenden Glanz gekleidet*
Oder ... *mit furchterregender Ehrfurcht erfüllt.*

Schwierigkeiten macht jeweils *ni₂-chush* und die Tatsache, dass in der nachfolgenden komplizierten Verbalaussage ein zweites *ni* vorkommt.

Bei der obigen Besprechung des Artikels von Dr. Kamran Zand war nun aber festgehalten worden, dass *NI₂* gemäß der Zeichenliste ZATU das Antriebsgas *Azetylen* besagt. Als Nispe (siehe Anhang II) meint *ni₂-chush* daher *schreckliches/furchterregendes Azetylen-Ding* – einen Raumgleiter, dem man im weiteren Verlauf der „Tempelhymnen" noch öfters begegnen wird und der dann von uns auf Deutsch zur Unterscheidung vom *„Licht"* als ***„Glänzer"*** bezeichnet wird. Das zweite *ni* stellt sich als rückbezügliches Fürwort vor. Auf Deutsch kann man folgendermaßen übersetzen:

Z. 68: *Tempel, zum Schutz der ME erbaut, deine Mitteilung/dein Hinweis nimmt En.lil (*die Angst*) weg, das furchterregende Azetylen-Ding/der furchterregende „Glänzer“ könne zur Verwüstung beitragen, wenn er landet.*

Die originalen Tontafeln bringen anschließend Z. 69 überhaupt nicht oder zwei grundverschiedene Versionen auf Sumerisch. In einer Version erscheint der *schreckliche „Glänzer“* wieder und landet außen auf dem Stufenbau des Tempels. Im weiteren Verlauf dieser Untersuchung wird klar werden, weshalb bei diesem *„Glänzer“* abweichend vom *bewohnbaren „Licht“* von *furchterregend/schreckenerregend* die Rede ist.

**TH 7**

Diese Hymne handelt in einem Ort, über dessen Bezeichnung und Lage man sich nicht ganz einig ist.

Die Schreibung des Ortsnamens fällt in den für die „Tempelhymnen“ überlieferten Keilschrifttafeln unterschiedlich aus. Mehrheitlich steht dort *keshi*$_3$, vereinzelt aber auch *kesh*$_3$. In anderen Texten ist *keshi*$_3$ seltener. Mehr als ein Dutzend andere Schreibweisen sind zu finden, darunter auch *SU*$_2$*.CHI.AN*$^{ki}$ = *Stelle der Bearbeitung von Karbid für den „Himmel“*. Wir schreiben auf Deutsch dafür *Kesch*.

Was die geografische Lage angeht, so ist man neuerdings der Meinung, Kesch sei mit dem heutigen Tulul-al-Baqarat – nicht weit von Adab – identisch. Doch wird auch darauf hingewiesen, dass in Zeiten vor Encheduanna öfters eine Schreibung *ki-e-esh* auftaucht. Das darf als *Stelle des verschwundenen Tempels* verstanden werden und stimmt inhaltlich mit einer seltenen Variante bei Encheduanna überein. Für Adab selbst wird dort nämlich *UD NUN BU*$^{ki}$ geschrieben, was *Stelle der ausgelöschten Hinfahr- und Liegestruktur für das „Licht"* bedeutet.

Der Ort ist der *Dingir*-Dame *Nin-chur-sag-ga*$_2$ gewidmet, der Halbschwester des *En.lil* und Schwester des *En.ki.* Da das letzte Zeichen in ihrem Namen normalerweise vergessen wird, trifft die Übersetzung *Herrin des Hauptberges* nicht zu. Treffend ist *Herrin des Haupt-Rösthauses/des Haupt-Brennhauses,* was auf ihre Verhüttungstätigkeit abzielt.

**TH 7, Z. 88**

Die Umschrift für Z. 88 läuft, abgesehen von kleineren Einzelheiten, hinaus auf

> Z. 88: *mush*$_3$*-sha*$_3$*-tur*$_2$*-gal-gim ni*$_2$*-ri-a*

Mit *ni*$_2$ ist das *Azetylen-Ding* klar zu erkennen. Doch die gefundenen Übersetzungen erzählen bei ZI etwas von *einem großen Drachen mit Schrecken beladen* und bei SB von einer *großen Ehrfurcht einflößenden Schlange* sowie bei KJ von etwas *Angst einflößendem wie einer großen Hornviper.* Stattdessen heißt es sachgerecht:

> Z. 88: *Das Bauwerk nimmt wie ein großer Stall das sich herabsenkende Azetylen-Ding auf.*

Es sei unterstrichen, dass gemäß dieser Aussage das *Azetylen-Ding*/der *„Glänzer“* in das *Bauwerk*, die Halle, hineinfahren kann.

**TH 7, Z. 91**

Statt wie bei Z. 88 *Drache/Schlange/Viper* zu bemühen, wird in den klassischen Übersetzungen dieser Zeile angeblich ein *Panther der Steppe* oder *ein großer Löwe* gesichtet. Ursache ist ein *pirig$_3$-gal.* Das wird normalerweise tatsächlich so übersetzt. Doch ist das eine eher folkloristische Verengung der ursprünglichen Bedeutung von – in richtiger Umschrift – *PIRIG gal = großer Strahlender/Leuchtender/Glänzender.* Die Hohepriesterin Encheduanna kommt denn auch an anderen Stellen in den „Tempelhymnen“ auf diese ursprüngliche Bedeutung von *PIRIG* zurück.

Hier spricht sie ausdrücklich von einem ***großen** Glänzenden/**großen** Glänzer.* Wenn in Z. 88 das *Bauwerk* in der Lage ist, das *Azetylen-Ding/den normalen „Glänzer“* wie ein *Stall* in sich aufzunehmen, so passt der *große Glänzer* hier offensichtlich nicht in die *„Stall“*-Halle hinein und muss draußen auf einer *Terrasse* landen. Ich übersetze sachgerecht:

> Z. 91: *Der große Glänzende/große Glänzer kühlt mit „Überfluss“ auf der oberen Terrasse ab, lässt sich dort nieder.*

Mit *„Überfluss“* sind die *„Wohltaten“* gemeint, die aus dem *„Himmel“* mitgebracht worden sind. Doch was ist mit ***„Großer Glänzer“*** angesprochen? Das ***„schreckliche Azetylen-Ding“*** oder ***das bewohnbare „Licht“***?

**TH 7, Z. 93**

Wichtig in dem hier betrachteten Zusammenhang ist nur die erste Hälfte der Zeile. Bei SB liefert die Umschrift für diesen Teil einen Variantensalat, aus dem man Verschiedenes entnehmen könnte. Mit Hilfe insbesondere von ZI aber auch von KJ lässt sich als Grundlage für die Übersetzung herausarbeiten:

*sha*$_3$ *u*$_2$ *si an* *sha*$_3$ *u*$_4$ $^d$*Nanna nu e*$_3$

SB ringen sich zu einer Übersetzung durch, bei der *das Innere düster ist, das Mondlicht nicht hervorkommt.* KJ erzählen etwas von einem *zwielichtigen Inneren, in das das Mondlicht nicht scheint.* ZI, der der herausgearbeiteten Umschrift am nächsten kommt, liegt von der sachgerechtesten Übersetzung am entferntesten, indem er meint ... *zur Abendzeit, da das Licht des Mondes noch nicht aufgegangen ...*

Probleme macht einerseits *u*$_2$ und andererseits *u*$_4$ $^d$*Nanna*, für das bei KJ auch *iti*$_6$ zu finden ist. Man darf nun aber davon ausgehen, dass die Verfasserin mit *u*$_2$ – wie in Z. 203, Z. 304, Z. 468 und Z. 494 – *Basis* ansagen will und mit *u*$_4$ $^d$*Nanna* - wie in TH 8 – nicht das Mondlicht meint, sondern das *von Dingir Nanna gesteuerte „Licht“*, dort eindeutig als *zweitgrößtes Gerät der Dingir* bezeichnet. Dann dürfen wir übersetzen:

> Z. 93: *Von oben wird in das Innere der Basis hinabgestiegen, aus dem Innern steigt das „Licht" nicht auf.*

Bedeutet dies, dass das *„Licht"*, an anderer Stelle als *großes schwebendes Schiff* gekennzeichnet, wegen seiner Größe nicht von oben in das Innere der Basis hinabfahren und deshalb auch nicht wieder aus dem *Innern aufsteigen* konnte?

**TH 7, Z. 97**

ZI bringt am Anfang der Umschrift drei Worte, die keinen Sinn ergeben. Machen wir es kurz und beachten nur das Ende der Zeile:

> *... Außerhalb des Schreins/Palastes nähert sich das „Licht".*

Diese Zeile bestätigt damit die Deutung der Zeile 93, wonach das *„Licht"* des *Nanna* nicht im Gebäude – *Stall!* – *geborgen* werden kann, wohl aber gemäß Z. 88 ein kleineres Fluggerät, das dort als *Azetylen-Ding*/als *Glänzender* bezeichnet wird. Das ***„Licht"***, der ***„Große Glänzende/Große Glänzer"*** konnte indessen doch in Kesch landen, aber gemäß Z. 91 nur außerhalb des Gebäudes *auf der oberen Terrasse* – es war offensichtlich zu groß, um dort *von oben* in den bergenden *Stall* hineinzufinden.

**TH 8**

Bei Z. 93 war bereits ein Hinweis auf diese Tempelhymne erfolgt. Neben den üblichen Umschriften gibt es aber noch eine Umschrift des Assyriologen Prof. Ake Sjöberg in seinem Werk „Der Mondgott Nanna-Suen in der sumerischen Überlieferung“ (1960), die ebenfalls hier angezogen wird [13]. Bei TH 8 geht es um den Schrein des *Dingir Nanna* in Ur, den Ort eines langfristigen irdischen Hafens für das *„Licht“*.

Vier unterschiedliche Umschriften (bei ZI nur jämmerliche Reste) und jeweils eine Vielzahl von Schreibvarianten würden bei einer Zeile-für-Zeile-Analyse zu einem kleinen Büchlein führen. Hier soll deshalb nur das Wenige präsentiert werden, was im Zusammenhang mit vorliegender Studie wichtig sein könnte.

Betont wird in Z. 107, dass die antike Stadt Ur *Start- und Landestelle* für das *„Licht“* war. Dieses wird in Z. 111 als *strahlend/rotglühend* bezeichnet. Gemäß Z. 110 hätte das *„Licht“* beim Aufsteigen Sumer *weithin überstrahlt*.

Demgemäß stellt diese Hymne einzig und allein auf das ***„Licht“*** ab, bezeichnet es aber auch als *rotglühend* wie den kleineren furchterregenden *„Glänzer“*.

## Löwenköpfiger Adler?

### TH 10, Z. 136

In TH 10 geht es um den Schrein des *Dingir Asar.lu$_2$.chi* in Ku.ar.

Offensichtlich stehen im Zeilentext auf den überkommenen Tontafeln die Zeichen *IM* und *DUGUD*. Sie könnten eventuell sogar von Encheduanna stammen, da sie ja laut Zeile 537 die wahre Aussage von *IM* kannte, zumindest als *Gas* oder deutlicher als *Karbidgas/Azetylen.* Wenn man die Bedeutung von *DUGUD = schwer/gewichtig* beachtet und eine Nispe (vgl. Anhang II) annimmt, könnte darunter vielleicht *das gewichtige Azetylen-Ding* begriffen werden. Man beachte jedoch, dass – wie weiter hinten bei TH 20 zu Z. 241 umfassend erläutert – *DUGUD* eine Falschschreibung/-lesung für *MI* sein kann und mit technologischem Unverständnis der alten Schreiber zu begründen ist. Das würde von dem oben für *IM.MI* abgeleiteten *Azetylen-Flugapparat* nicht zu sehr abweichen. „Gelesen" wird so oder so von den zitierten Wissenschaftlern Unterschiedliches.

In der Umschrift von SB lautet TH 10, Z. 136:

*eden muru*$_x$ *(= IM.DUGUD) sha*$_3$*-ta me shu-ti*

Bei KJ findet man:

*eden muru*$_9$ *cag*$_4$*-ta me cu tij*$_4$

ZI hatte schon vor SB notiert:

*edin im-dugud sha*$_3$*-ta me shu-ti.*

ZI stellt bezüglich der beiden letzten Worte die Frage an sich selbst, ob die Keilschriftzeichen syntaktisch wirklich so zu verbinden sind, was sich dann auch bei KJ – abgesehen von der dort üblichen unterschiedlichen Schreibweise – als Trennung wiederfindet. ZI übersetzt sein gelesenes *im-dugud* mit *Sturmgefilde.* SB meinen, da stünde: *Ebene (mit) schweren Wolken, die me´s aus der Mitte nehmend.* KJ glauben an: *Bewölkte Ebene, die göttlichen Kräfte aus der Mitte nehmend.*

Im Kommentar vermerken indessen SB, die Lesung (einer Hörform) *im-dugud* für (die gefundene Zeichengruppe) *IM.DUGUD* gelte als sehr unsicher und bedeute genaugenommen wörtlich sogar so etwas wie *schwerer Lehm* oder *Klumpen.* Im Hinblick auf die Gleichsetzung der Zeichengruppe *IM.DUGUD* mit $muru_x$ zitiert man dort dann auch aus der orthodoxen sumerologischen Literatur zu $muru_x$ die Bedeutungen *Wolke, Nebel, Nebelregen, Dunst, Sprühregen, nebelartiger Sprühregen ...*

Alles zusammen ein feuchter, schwebender Irrgarten am Firmament!

An der Ludwig-Maximilians-Universität München erarbeitete am Institut für Assyriologie und Hethitologie Prof. Walther Sallaberger seit 1999 (zuvor ab 1993 Claus Wilcke) eine Sammlung von Sekundärliteratur zum Wortschatz des Sumerischen. Integriert wurden auch Karteikarten zu sumerischen Wörtern, die von dem seinerzeitigen Ordinarius für Assyriologie Prof. Dietz-Otto Edzard (1930 – 2004) ab 1963 angelegt worden waren. Werfen wir einen Blick in diese neueste orthodoxe Sammlung von Belegstellen und Bedeutungen, bezeichnet als „Münchner Sumerischer Zettelkasten", [14], (Fassung vom 22.10.2020) – später kurz MSZ genannt –, bietet er einerseits für die Zeichenfolge *IM.DUGUD* als Bedeutung einen *Schleuderstein* oder *Lehmbrocken,* verweist andererseits indessen in Umschrift und gelesen auch auf *muru*$_9$ = *Wirbelsturm/Wetterwolke.*

Nicht weniger wirr!

Immerhin aber wird im MSZ die Aussage von Lambert erwähnt, es handele sich seiner Auffassung nach beim *IM.DUGUD* um den *„lionhaeded eagle*", den „Löwenköpfigen Adler" der alten Mythen, der von den Sumerern *Imdugud* und den Semiten *Anzû* genannt worden sei – kurzum also um einen *„mythischen Vogel"*!

Etwas „Fliegendes"? Mythisch, vorzeitlich, unverstanden?

Vielleicht hätten die Sprachwissenschaftler die Bemerkungen zum ältesten geschichtlich verbürgten Schlachtenbericht der Menschheit zur Kenntnis nehmen sollen, über den in [10], S. 142 – 146, berichtet wird. Dort war als Ergebnis präsentiert, der Wortklang *muru* bedeute zwar vordergründig *Wolke,* meine aber als *muru*$_9$ ganz konkret *etwas Umwölktes,* einen *Umwölkten,* einen in einer Rauchwolke befindlichen Flugapparat.

Damit kann man sich der Übersetzung von Z. 136 zuwenden. *shu-ti* ist als *shu teg*$_4$ zu verstehen und so mit einem eher passiven *aufnehmen* dem eher aktiven *sha*$_3$*- ta = günstig sein zum Hervorgehen lassen* gegenüberzustellen:

> Z. 136: *Eine Plattform ist günstig zum Aufsteigen lassen des „Umwölkten"* (und) *zum Aufnehmen der ME.*

Die *ME* müssen *aufgenommen* werden, weil sie offensichtlich mit dem *„Umwölkten"* vom *„Himmel"* herab gebracht werden. Wenn dem so gewesen sein soll, dann wurden *ME* nicht nur mit dem *„Licht"* vom *„Himmel"* her geliefert, sondern auch mit dem ***IM.DUGUD*, dem *„Umwölkten"*, dem *gewichtigen Azetylen-Ding*** der Zeile 136.

**TH 10, Z. 138**

Bei ZI lautet die Umschrift dieser Zeile

*en* $nig_2$*-shu* *nu-*$gi_4$ $u_3$*-e-*$am_3$*-ma-DU,*

eine Übersetzung wagt er nicht. Bei SB steht stattdessen

*en* $ni_3$*-shu* *nu-*$gi_4$ $u_6$*-e* $am_3$*-ma-du,*

mit den Hinweisen, auf einer Tafel falle *nu* weg und eine andere Tafel vermelde kein *ma.* KJ bringen, abgesehen von der wie üblich abweichenden Schreibweise, das Gleiche wie SB – mit $nig_2$ statt $ni_3$. Die Fußzahl 3 bei *ni* erweist sich dabei als Fehlschreibung, da $ni_2 = nig_2$ ist.

Als Übersetzung bieten SB und KJ identisch an: *Der Herr, der seine Güter nicht zurückhält, geht belustigt ...*

Sachlich, nicht belustigt, ist festzuhalten, dass $ni_2$ / $NI_2$ klassisch zwar normalerweise als *Angst* oder *selbst* genommen wird, bei Encheduanna an zahlreichen Stellen der Tempelhymnen aber – wie $ne_2$ – das Fluggerät *„Glänzer"* meint. Auch führt ja, wie herausgearbeitet, die Zeichenliste ZATU als Nr. 396 dieses *$NI_2$* mit der Bemerkung an, es handele sich um eine Ligatur der Zeichen für *IM* und *A*. Unter einer Ligatur versteht man einen Buchstabenverbund bzw. Keilschriftzeichenverbund, bei dem zwei oder mehrere Schriftzeichen zu einer Glyphe verschmelzen. *IM* und *A* bezeichnen orthodox *Wind/Sturm* plus *Wasser*, weshalb wir wieder bei einem klassischen *Regensturm* wären. Bei der nicht orthodoxen Übersetzung *$muru_9$* (siehe oben), wären wir indes bei dem hier *Umwölkter* genannten Flugapparat.

Selbst langsam Denkende dürften inzwischen zumindest eine gewisse Ähnlichkeit erkennen können:

> ***$muru_9$* = Umwölkter = „Glänzer" = *$NI_2$* = *$ne_2$* = Azetylen-Flugapparat**

Die Zeile könnte also beginnen mit *Der Herr des „Umwölkten"*..., worauf man sich fragen müsste, was das nachfolgende *shu* in diesem Kontext bedeuten soll. Die normalerweise dafür im orthodoxen MSZ angebotenen *Hand* oder *Stößel* passen keinesfalls. Vermutet man einen Verständnis- und Schreibfehler *$shu_2$*, würde *Karbid* folgen, was eine irgendwie seltsame Doppelaussage ergäbe. Doch darf man auch eine Hörschwierigkeit *$shu_4$* vermuten, *$shu_4$* = *rot*, was hier auch als *rotglühend* gedeutet werden darf. Daher: *der rotglühend Umwölkte/der rotglühende Azetylen-Flugapparat*. Das teilweise fehlende *nu-$gi_4$* meint *nicht überdrüssig werden* (etwas zu tun). Was zu tun? ... *e du* = *einen Aufstieg zu machen* ... Wie? ... *$u_6$* = *bewundernd* ... Wie oft? ... *$am_3$* = *immer wieder* ...

Z. 138: *Der Herr des rotglühenden „Umwölkten" /rotglühenden Azetylen-Flugapparates wird nicht überdrüssig, immer wieder bewundernd einen Aufstieg zu machen.*

Man kann festhalten: Den gelesenen ***IM.DUGUD*** – waren dies tatsächlich die zu findenden Keilschriftzeichen mit der Bedeutung *gewichtiges Gas-Ding???* – konnte der *Dingir Asar.lu$_2$.chi* wiederholt zum Aufstieg benutzen und es ging dabei um ein *rotglühend umwölktes flugfähiges Ding*, das etwas mit *Azetylen-Gas* zu tun hatte – wie ja auch das erste Keilschriftzeichen seiner Bezeichnung bereits andeutet. Wer erkennt da nicht den ***„Glänzer"***?

**TH 10, Z. 141**

In Zeile 91 war ein *pirig$_3$ – gal* aufgetaucht, ein *Großer Glänzender*, der inzwischen als identisch mit dem *„Licht"* erkannt werden konnte. In Zeile 141 wird in der Umschrift von SB ein *pirig - tur* gemeldet, bei KJ fehlt die – sowieso auf den Originaltafeln niemals vorhandene – Zusammenziehung von *pirig* und *tur*. SB übersetzen das mit *Leopard*, KJ ebenfalls.

Das sumerische Zeichen *tur* kann als Adjektiv *klein/jung* oder als Verbum *dämpfen* gesehen werden. Sowohl SB wie KJ schließen auf *klein* und sehen in *pirig* daher keinen *Löwen*, sondern einen kleineren *Leoparden*. Der soll gemäß ihren Übersetzungen *Beute ergreifen*, was aber selbst mit größter Phantasie aus dem nachfolgenden Originaltext nicht herauszudestillieren ist.

Wenn man mit der Erfahrung der Zeile 91 *pirig/PIRIG* (ohne *gal!*) als *Glänzenden/„Glänzer“* begreift, dann kann das in Zeile 141 ein Lokativ sein und dort etwas *tur* = *gedämpft* werden. Was soll gedämpft werden? Das *Glühen* = *kar*.

Dann lässt sich Z. 141 unter Beachtung der Tatsache, dass gemäß [11] *nun* als *Hinfahrstruktur* zu erfassen ist, sachgerechter übersetzen:

> Z. 141: *Der Held, nobel in der Hinfahrstruktur geboren, dämpft beim „Glänzer“ das Glühen, das Brennen wird reduziert.*

**TH 11**

In dieser Hymne leitet *Dingir Nin.gub.lam*, der erstgeborene Sohn von *Dingir Nanna*, eine Art Zentrale für Flugsicherheit, die in Ur gelegen haben dürfte. Dazu dient eine Übersetzung der Zeile 153 als Beweis. Diese weithin unverstandene Zeile, über die bei ZI nichts zu hören ist, liest sich bei SB und KJ etwa gleichlautend:

> *mash-mash eme-cha-mun dungu an-na bi$_2$-DU*

Bei SB erscheint daraufhin ein „mash-mash-Priester“ und bei KJ ein „Anbetungspriester“. Sie sollen irgendetwas mit „unterschiedlichen Sprachen“ und „Wolken am Himmel“ zu tun haben. Indessen:

*mun* hatte bei den vorgeschichtlichen Sumerern – wie von Encheduanna auch ansonsten mehrfach verwendet (siehe Zeilen 246, 298 und 340) – nicht nur die biologische Bedeutung gefährlicher, ja vielleicht todbringender *Skorpion*, sondern galt im übertragenen

Sinn auch für eine Fluggerät-Art, die eben auch gefährlich und todbringend sein konnte. Mit *cha-mun* können deshalb auch *mehrere Skorpione = mehrere Flugapparate* gemeint sein. Dann kann *eme* nicht gleich „Sprache/Stimme“ sein, sondern bringt *Hinweise/Weisungen.*

Damit wird klar, was *mash-mash* aussagen soll. Das sind *zwei Hälften*, die zur *Vereinigung* führen. Abstrakt genommen wird *eine Vereinigung/ein Zusammenführen/ein Abstimmen* angedeutet.

Das in der Umschrift präsentierte *dungu = Wolke* kommt logisch als Ergebnis der *Abstimmung von Weisungen* aber nicht in Frage und erweist sich als moderne Fehlschreibung für *DUN.GU = Bedeckung/Schutz für das Land.* Offensichtlich führt die *Abstimmung der Weisungen* für die *„Skorpione“* zu einer Art *schützenden Decke = Sicherheitsnetz* für das Land.

Der Tempel wird damit letztlich einer **Flugsicherheitszentrale** gleichgestellt. Auf gut Deutsch:

> Z. 153: *Das Abstimmen der Weisungen für die „Skorpione“ ergibt am Firmament ein dauerhaft gesagtes Sicherheitsnetz für das Land.*

**TH 11, Z. 154**

Eindeutig und deutlich darf wegen $u_4$ = *„Licht“* angesetzt werden:

> *Das „Licht“ am Firmament weckt den Widerhall der Berge; das „Licht“ überzieht für längere Zeit das Land mit Rauch.*

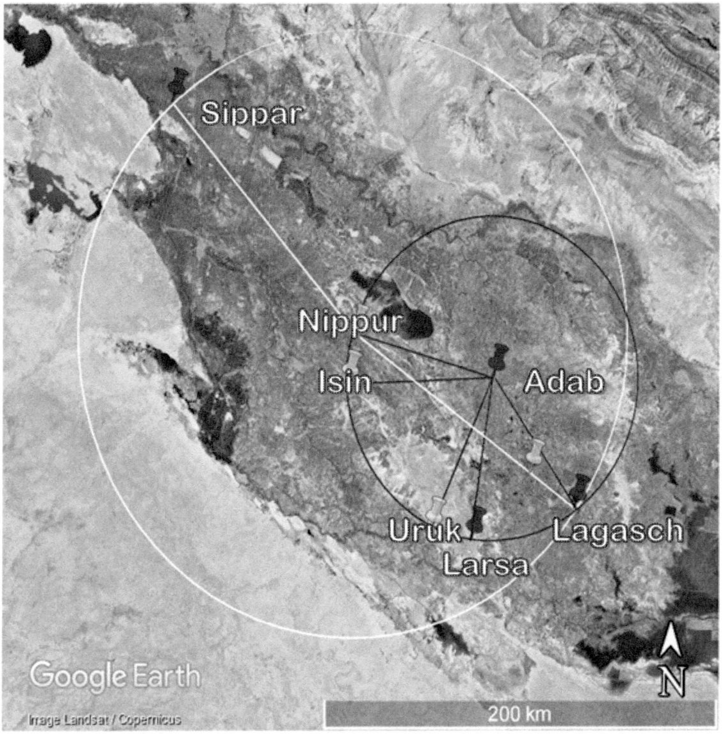


*Abb.4:*
*Verbundene Kreise um Adab und Nippur – innerer Kreis um Adab mit einem Radius von 5 Beru schneidet Mittelpunkt Nippur des Großkreises mit Radius von 13 Beru, der Lagasch und Sippar/Zimbir berührt – ein Beru ist etwa 10,5 km. Quelle: Abb. 10 in [4]*
*(vgl. Anhang I: Was ist ein Beru?)*

**TH 12, Z. 165**

Diese Hymne bezieht sich auf den Erstaufenthalt des *Dingir Nanna* in *Ga-esh ki*, dem Ort des Bereitstehens für die Ankunft des Herrn vom „*Himmel*" her.

Z. 165 ist auf den Originalen leicht verstümmelt, lässt sich jedoch deuten, wenn man beachtet, dass *bur*$_2$ auch *Schale* besagt. Die Zeile beginnt wörtlich mit *Bei Oben-Leuchten*, womit *zur Mittagszeit* gemeint ist oder *wenn die Sonne oben steht*. Dann kommt man (unter Beachtung, dass *esh* statt einer Eigenbedeutung evtl. nur eine Nominalisierung ankündigen kann) zu:

> Z. 165: *Wenn die Sonne oben steht, leuchtet/blitzt die „Schale" weit weg als Rivale/gleich stark.*

Es dürften kaum Zweifel aufkommen, dass mit „Schale" das „Licht" gemeint ist.

## Erlaubte oder sachgerechte Übersetzungen?

**TH 13, Z. 170**

Diese Hymne handelt vom Schrein des *Dingir U.tu* in Larsa, dem Ort des Hitzeschildes. ZI hat das Verdienst, in seinem Kommentar zu der angezogenen Zeile wissen zu lassen, im Original scheine zweimal das Doppelzeichen *UD.UD* auf, während in den Umschriften bei SB und KJ jeweils zweimal *babbar*$_{(x\ oder\ 2)}$ erwähnt wird.

SB flunkern etwas von einem *Schrein Ebabbar* und einem *reinrassigen weißen Stier*, während KJ etwas von einem *leuchtenden Haus* und einem *leuchtenden Bullen* gefunden haben wollen. Wir meinen stattdessen:

> Z. 170: *Schrein hell leuchtend errichtet für den hell leuchtenden Stier*

Dass es sich bei diesem *UD = Stier* nicht um eine Art lebenden Rindviehs handelt, sondern um einen Flugapparat, einen ***Flugstier***, geht aus der unmittelbar nachfolgenden Zeile hervor.

Unabhängig davon stellt sich eine Grundsatzfrage. *UD = Stier* ist gemäß den modernen Wörterlisten ebenso eine erlaubte Übersetzung wie *UD = Löwe* — ist das auch im Hinblick auf die Sprachverwendung durch Encheduanna eine sachgerechte Übersetzung? Muss die Zeile nicht eher sachgerecht lauten:

> Z. 170: *Schrein hell leuchtend, errichtet für den „hell Leuchtenden"*?

**TH 13, Z. 171**

Die nachfolgende Zeile bezieht sich auf den *hell leuchtenden Schrein*, wenn sie mit *An deiner Seite* beginnt.

Sodann berichten SB von einem ***NI-esh***, das oder der sich dem *Hort annähert*. Doch *NI = Netz* ergibt keinen Sinn im Kontext. Auch bekommt man sofort Auswahlprobleme mit dem angehängten *esh*. Das kann nämlich viele Bedeutungen haben. Doch gibt es einen gerade eben erwähnten seltenen Hinweis, es deute eine Nominalisierung an oder meine ... *etwas wie* ... Auch findet man, ebenfalls selten, *NI = Leuchten.* Wie dem auch sei, gemeint ist – angesichts eines seltsamen Tontafeloriginals – *ein Leuchtendes*, bei dem angesichts des Wirrwars offen bleibt, ob es sich um das „*Licht*"handeln soll oder den kleineren „*Glänzer*". Daher deute ich unter Vorbehalt auf der Basis der Umschrift von SB:

> *An deiner Seite nähert sich Dingir U.tu vom „Himmel" her mit* **etwas „Leuchtendem"** *dem Hort.*

Der Vorbehalt dürfte auch deshalb berechtigt sein, weil ZI die Umschrift eines völlig anderen Originaltextes präsentiert und KJ an der mit Vorbehalt behandelten Stelle statt *NI-esh* ein *LU* gelesen haben wollen. Das meint *viel/oft/wiederholt.*

Wenn ZI wegen des unerklärlichen totalen Abweichens hier nicht beachtet wird, dann ist aber doch wegen der glaubwürdigeren KJ-Umschrift die in [10] präsentierte Übersetzung zu ändern in:

> *An deiner Seite nähert sich Dingir U.tu vom „Himmel" her*
> Entweder -- *wiederholt dem Hort.*
> Oder -- *mit einem/dem „Leuchtenden" dem Hort.*

**TH 13, Z. 172**

Diese Zeile beginnt bei SB und KJ in der Umschrift mit *si mush$_3$.* Das kann auf Deutsch erlaubterweise vieles meinen: *aufstrebende Form/strahlende Gestalt/leuchtendes Ding.* Wenn man erkennt, dass das nachfolgende *ma sila$_3$ = mächtige Schale* ist, dann macht nur noch *CHUB.CHUB* Schwierigkeiten. Letztlich darf man, abweichend von [10], übersetzen:

> *Dein leuchtendes Ding/Dein* ***„Leuchtender"*** *ist eine* ***„mächtige Schale"*** *aus viel bläulich schimmerndem Metall.*

Offen bleibt auch hier in Zeile 172, ob mit *mächtige Schale* das *„Licht"* gemeint ist oder der *„Glänzer"*.

### TH 13, Z. 173

Die soeben gestellte Frage bleibt in Zeile 173 ebenfalls unbeantwortet, da dort nur bemerkt wird, *die blaumetallisch Leuchtende sinkt rauchend herab,* ohne dass geklärt wird, worum es sich bei der *blaumetallisch leuchtenden Schale* genau handelt. Da das ankommende *leuchtende Ding* aber etwas mit *Überfluss/Gaben* macht (das Verbum ist unlesbar), erinnert man sich – fragend und unter Vorbehalt – an TH 15, Zeile 192 (siehe weiter unten). Dort kommen nämlich *Produkte/Überfluss/Gaben* aus dem *„Himmel"* mit dem *„Licht"*.

### TH 13, Z. 174

Zeile 174, die allerdings auf einer der originalen Tontafeln völlig fehlt, könnte dann, obwohl am Ende verstümmelt und von SB und KJ unterschiedlich gelesen, eine positive Antwort geben: ***Ni-esh = Leuchtender = „Licht"*** – vorausgesetzt, es lägen bei der Überlieferung keine Hör- oder Verständnisprobleme vor.

Bei SB findet man *$u_4$-EN en,* das bei KJ als *$u_4$-$uru_{16}$ en* gelesen wird. Das kann man mit Hilfe der zweiten Lesung als *Herr des majestätischen „Lichtes“* begreifen. Dieser *Herr* macht entweder etwas (Verbum fehlt) mit dem Kompositum *$gu_3$-zi = Kleidung/Gewand* oder mit den getrennten Bedeutungen von *$gu_3$ zi = echtem/richtigem Lärm.* Die zweite Aussage wird hier vorgezogen:

> *Dein Fürst, der Herr des majestätischen* ***„Lichtes“***
> (macht etwas mit) ... *richtigem Lärm* ...

**TH 14**

In dieser Hymne geht es um *Dingir Nin.a.zu,* für den wir in [10] abgeleitet haben, dass er ein Sohn von *$^d$En.lil* und dessen Halbschwester *$^d$Nin-mach* war. Gleichzeitig war festgehalten worden, diese Halbschwester sei identisch mit *$^d$Eresh.ki.gal.la.* Die Bezeichnung des Titular-*Dingir* kommt auch in der Form *$u_3$-mu-un-a-zu* vor, weshalb wir ihn als *$u_3$ = stolzen a-zu = Weisungsgeber für mu-un = oben Lärmende* erfassen, als ***stolzen Weisungsgeber für Flugapparate.***

**TH 14, Z. 179**

Die für TH 13 konstatierten Unklarheiten im Originaltext gehen weiter. Wie soll man eine Zeile richtig erfassen, wenn mehrere recht unterschiedliche sumerische Fassungen überliefert werden?

ZI meint gefunden zu haben:

> *im-ki-a   $kur_2$ gal-a   $kur_2$-ki   $^d$Eresh-ki-ga[l-g]$e_2$*

dabei ist er versucht, *im-ki* als eine Stadt *Muru* zu begreifen.

SB bringen stattdessen:

*enegi-ki a-pa$_4$-gal a-pa$_4$-ki-a $^d$eresh-ki-gal-la-ka*

und bemerken dazu, das *-a* bzw. das *-ka* falle in Varianten weg.

KJ haben in ihrer Fassung

*enegir ki a-pap gal a-pap ki-a $^d$erec-ki-gal-la-ka*

SB weisen außerdem freimütig darauf hin, dass das gelesene *enegi-ki* als Schriftzeichen aber mit *IM$^{ki}$* geschrieben werde, dass aber auch eine Silbenschreibung mit *e-ne-gi* existiere.

Ausgehend von dieser Silbenschreibung und dem Hinweis von Langdon, einem amerikanisch-britischen Assyriologen (1876 – 1937) in [15], S. 231, *ne* meine *Feuer*, wurde in [10] auf einen „*Glänzer*" geschlossen und einen *gi* = *Wendepunkt*. Doch liefert Langdon sofort auch die Bedeutung *ne* = *niederlegen* und *gir* = *festlegen, anbinden* (S. 220). Damit könnte auch eine *Stelle mit einem Gebäude zum Niederlegen und Festzurren* gemeint gewesen sein. Oder war die Lesung *e-ne-gir* unrichtig, denn ZI wollte doch stattdessen eine Stadt *Muru* gefunden haben?

Sicher aber stehen in den Originalen die Zeichen *IM* und *KI* – bei Encheduanna zu übersetzen mit *Karbidgas-Stelle* – offensichtlich für einen Flugapparat *NI$_2$*.

Die weitere Analyse dieser Zeile wird enorm erschwert, weil für *kur*$_2$ oder die wiederholt in Kombinationen auftretenden *pa*$_4$ oder *pap* höchst unterschiedliche Bedeutungen in den Wörterlisten geliefert werden, die meist keinen sinnhaften Zusammenhang erkennen lassen. Wendet man sich deshalb zunächst der Bezeichnung der benannten *Dingir*-Dame zu, werden einige mögliche Übersetzungen deutlicher.

Mit der Endung *-ka* bei der Nennung der *Dingir-Dame Eresh-ki-gal-la-ka* und der Andeutung eines End *-ge* bei ZI wird diese Dame als Besitzerin/Eigentümerin von etwas gekennzeichnet (Posessiv-Suffix). Das vor der *Dingir*-Benennung bei KJ stehende *a-pap-ki* könnte daher *eine der Dame zuzuordnende hervorragende Örtlichkeit* bringen. Das *a-pa*$_4$*-ki* bei SB wäre dann ein Schreibermissverständnis, da *pa*$_4$ teilweise auch als Spätform für *pap* angesehen wird.

Das bei SB vorher stehende *a-pa*$_4$*-gal* – bzw. bei KJ original wohl *a pap-chal* – wäre nach Langdon [15], S. 233, als *in Bedrängnis geratene Stelle* zu begreifen. Das würde auch mit *kur*$_2$*-ki* gleich *widerliche Stelle* bei ZI in etwa übereinstimmen.

Bei ZI könnte indessen das erste *kur*$_2$ als *gur*$_2$ = *Behältnis* zu begreifen sein – wie im Münchner Zettelkasten [14] S. 266 angedeutet. Dann würde entsprechend *IM*$^{ki}$ mit *kur*$_2$ *gal a* als *Stelle eines großen Behältnisses* charakterisiert. Das darf man im Zusammenhang wohl, sprachlich auf Deutsch vereinfacht, verstehen als *Stelle einer* ***großen Schale*** – womit das *„Licht"* auftauchen könnte oder der *„Glänzer"?*

ZI könnte somit zu erfassen sein mit:

> *Azetylen-Stadt, Stelle der* ***Großen Schale****, widerliche Stelle der* $^{d}$*Eresh-ki-gal*

Für KJ kann man ableiten:

> *Stadt Enegir, in Bedrängnis geratene Stelle, hervorragender*
> *Ort der* $^{d}$*Eresh-ki-gal-la*

SB würden insbesondere deshalb davon abweichen, weil eine Silbenschrift *e-ne-gi* für den Stadtnamen vorliegen soll. Die Deutung in [10] des darin enthaltenen *ne* als *„Glänzer"* lässt sich nach Vorstehendem bezweifeln, weil dem die inzwischen vermutete „Große Schale" = *kur*$_2$ *gal* bei ZI entgegensteht.

Oder wussten die alten Schreiber nicht um den Unterschied und formulierten unbewusst unpräzise?

## TH 15

In dieser Hymne geht es um den *Dingir Nin.gish.zi.da*, der gereinigtes Gold ins All zum *„Himmel der Unsterblichen"* fliegt. Dafür benötigt er einen Raumgleiter, der von Encheduanna insbesondere in den Zeilen 187, 190 und 192 direkt angesprochen wird.

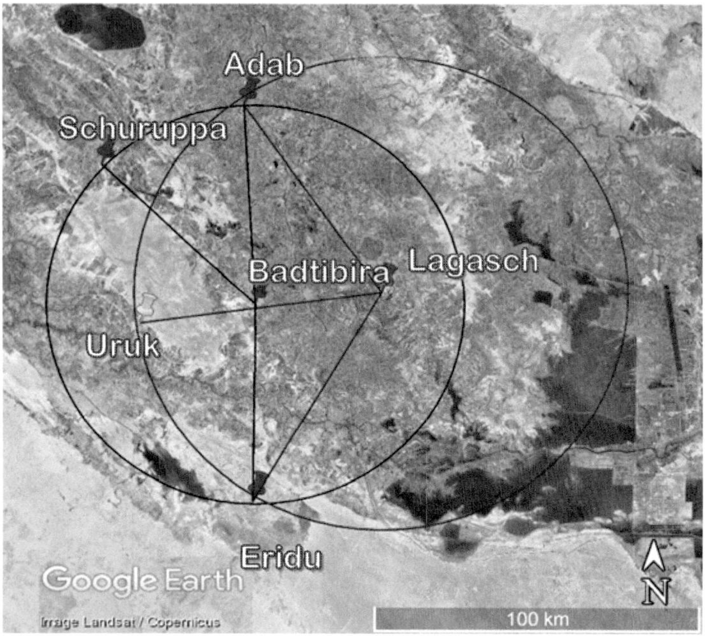


*Abb. 5:*
*Verbundene Kreise um Badtibira und Lagasch – kleiner Kreis von 6 Beru mit Mittelpunkt Badtibira schneidet Großkreis um Lagasch von 7 Beru in Eridu und Adab – Verbindung Adab/Eridu geht durch Badtibira und halbiert Kleinkreis. Quelle: Abb. 11 in [4]*

## TH 15, Z. 187

Zu Z. 187 wurde in [10] auf der Basis der Umschrift von SB und eines sehr seltenen Hinweises bei Langdon [15], S. 215, eine Übersetzungsvariante erarbeitet, in der *$GAR_3$ = „Licht“* eine Rolle spielt. Doch gibt es auf den vier mit dieser Zeile überlieferten originalen Tontafeln noch Versionen mit anderen Keilschriftzeichen. Dazu gehört auch

*ki-ul ki-kur gar$_3$-e gar-ra*

Das *gar$_3$* dieser Version entspricht nun aber gemäß der Belegsammlung [14], S. 1198, einer *Maßeinheit*, was sofort das ***Behältnis = Schale*** der TH 14, Z. 179, in Erinnerung ruft. Dann darf man so oder so übersetzen

*Uralte Stelle, Ort des Röstens/Entschlackens,* ***das „Licht“/die „Schale“*** *steigt auf, um die Verbindung zu ermöglichen.*

**TH 15, Z. 190 und 192**

Die in [10] präsentierte Übersetzung kann für Z. 190 einfach wiederholt werden:

*Der „****Neben das `Gerät`/den ‚Himmel‘ Gehende****“ ermöglicht den Aufstieg. Diese Erscheinung nähert sich dem „Großen Ort des Überflusses“. Niemand kann auf dem Weg dahin aussteigen.*

Z. 192 klärt dann, dass mit dem *Neben den „Himmel“ Gehenden* tatsächlich das ***„Licht“*** gemeint ist.

**TH 15, Z. 191**

Doch klärt TH 15 nicht nur, welchen Raumgleiter der *Dingir Nin.gish.zi.da* zum Goldtransport benutzt hat, sondern berichtet auch aus ferner Vergangenheit über eine technologische Errungenschaft, die heute noch Zukunftsmusik ist. Wenn das *„Licht“* am *„Oben“ = „Himmel“* ankomme, stehe *esh$_2$-ad gim = etwas wie eine Falle bereit,*

es *zum Landen* aufzunehmen. Modern würde man von einer verschließbaren Landebucht am Raumschiff schreiben oder von einer Druckluftschleuse – Konstruktionen über die man bei der NASA nachzudenken begonnen hat.

**Dies wurde vor 4.300 Jahren für eine ferne Vergangenheit berichtet!**

**TH 16**

In dieser Hymne geht es um das **vorzeitliche** *E-an-na* in Uruk, einen Gebäudekomplex des *AN* und Thronsitz einer *IN.AN.NA,* der schon vor der Lebzeit der Hohepriesterin Encheduanna geschleift worden ist und nicht mit dem von Archäologen fälschlicherweise *E-an-na* genannten Tempel verwechselt werden darf. Dieser wurde überhaupt erst etwa 200 Jahre später errichtet.

Zwei Bemerkungen vorweg:

Erstens ist immer die Rede von einer Stadt Uruk, wenn auch Sumerologen lieber eine Schreibung Unug sehen möchten. Doch sucht man vergeblich nach einer wissenschaftlichen Analyse, was dieses Unug denn ursprünglich gemeint haben soll. Abhilfe ist möglich, wenn man beachtet, dass man über die lexikalische Funktion des ePSD, [7], als uralte Schreibung die Zeichen *ur$_2$-nu-ug$^{ki}$* findet. Das darf man gemäß dem ePSD mit *u$_2$ = Unterstützungs- ki = Stelle für das nu = schnelldrehende ug = Licht* übersetzen. Encheduanna gibt $u_2$ in den Zeilen 203, 304, 468 und 494 die Bedeutung *Basis*, weshalb auch *Basisort für das schelldrehende „Licht"* erlaubt ist.

Zweitens darf man festhalten, dass die Tempelstadt Uruk ursprünglich auch als Stadt des oder der *TIR.AN.NA* bekannt war. Die gängige Übersetzung in Universitätskreisen lautet „Regenbogenstadt". Das ist schlichtweg falsch, eher wäre vom sumerischen Wortsinn her „Himmelswaldstadt" richtig. Aber auch das ist eindeutig auf ein Missverständnis zurückzuführen. In der Sammlung der Universität Yale gibt es nämlich ein Stück der sumerischen Königsliste, in dem statt der Wortzeichen *TIR.AN.NA* einmalig *BAN.AN.NA* zu lesen ist. Und nun kommt ein Phänomen ins Spiel, das viel zu wenig beachtet wird. Die Schriftsymbole *TIR* und *BAN* wurden sowohl in sumerischen als auch in akkadisch/babylonischen Texten als Wortzeichen verwendet und hatten in Akkadisch/Babylonisch die Bedeutung zwei recht ähnlich klingender Wörter. *TIR* gleich „Wald" wird als *quischtu* gesprochen und *BAN* gleich „Bogen" lautet *quaschtu*. Wegen Hörfehlern und Hin- und Herübersetzungen dürfte daher *BAN* für das Sumerische richtiger sein als *TIR*. Dann aber dürfen wir den für Uruk gefundenen uralten Namen mit ***Himmelsbogen**-Stadt* übertragen.

### TH 16, Z. 198

Am Anfang dieser ersten Hymnenzeile scheint ZI zwar einen leicht von SB und KJ abweichenden Keilschrifttext gefunden zu haben, stimmt mit ihnen jedoch in der Übersetzung fast überein. ZI findet einen Ort Kullab, während SB und KJ von Kulaba erzählen. Ein derartiger Ortsteil von Uruk, bisher nicht lokalisiert, erscheint auch in anderen Keilschrifttexten. Grundlage ist eine vorgefundene Zeichenumschrift

$\text{Kul-aba}_4{}^{\text{ki}}$ die aber $\text{kul-a-ba}_4{}^{\text{ki}}$

lauten sollte. Das *ba*$_4$ ist als *be*$_4$ zu verstehen, das auch *zuteilen* meinen kann. Wie auch an anderen Stellen, so z. B. in TH 41, Z. 521, [11], dürfte *a = dauerhaft da sein* meinen. Daher darf man übersetzen mit:

*dauerhaft der **Schale**/der **Schüssel** zugeteilte Stelle*

Wenn bei früheren Übersetzungsversuchen im Rest der Zeile im Zusammenhang mit einem *mush*$_3$ ein „Feuervogel" vermutet worden war, so muss das jetzt unterbleiben, da sich aus dem Kommentar bei SB zu dieser Zeile ergibt, dass auf den originalen Tontafeln eher *nun* zu lesen war, somit *Hinfahr- und Liegestelle.*

**TH 16, Z. 200**

Diese Zeile ist bei ZI nicht vorhanden, bei SB und KJ wird sie gleichlautend gelesen. Der Sinn ist nicht erfasst. Sie lässt sich übersetzen mit:

*Aus dem Innern des „Himmels" wurde in dich herabgefahren, den zum Festlegen des Stiers errichteten Schrein*

Der in der Umschrift erwähnte *$gu_4$ = Stier* dürfte identisch sein mit dem *Flugstier* der TH 13, bei dem letztlich eine ***Identität mit dem „Licht"*** festgehalten worden ist.

**TH 16, Z. 202**

Bei ZI ist nichts zu holen, KJ weichen in der Umschrift völlig von SB ab. In der Umschrift von SB erscheint *AN.NI*, das als *Leuchtendes des AN* genommen werden kann oder als *Oben-Leuchtendes.*

**TH 16, Z. 204**

Bei SB ist ein *$ni_3$-bur* zu entdecken, bei ZI ein *$nig_2$-bur*, dem letztlich auch die Schreibung bei KJ entspricht. Beide sumerische Ausdrücke meinen das Gleiche: *etwas wie eine Schale* oder *ein Schalen-Ding.*

**TH 16. Z. 206**

*Das Leuchtende des AN/Oben-Leuchtende* der Zeile 202 taucht hier wieder auf und wird bei SB und KJ charakterisiert als

> *ushumgal $nigin_3$-gar-ra*

als ***Großdrache*** von etwas, über das in der Literatur ergebnislos viel diskutiert wird, weil für den offensichtlich gemeinten Gegenstand noch einige andere Zeichenschreibungen gefunden werden können. Hier wird vorgeschlagen

> *zum gar = platzieren ra = geeignetes gin = Rund-*
> *$ni_3$ = Ding*

woraus auf gut Deutsch *ein Liegerundbau* wird. Damit wird *das Leuchtende des AN/das Schalen-Ding/der Stier/das „Licht“* als rund gekennzeichnet.

**TH 17**

In dieser Hymne geht es um den Tempel in Bad-tibira. Als Tempelherr wird der *Dingir Dumu.zi* genannt. Zu dieser Schreibung später ein richtigstellender Kommentar.

Aus den Bemerkungen von ZI ist nichts Klares zu entnehmen. Die Umschriften von SB und KJ zeugen von Hör- und Verständnisschwierigkeiten. Zur Erklärung mag dienen, dass die als Arbeitsunterlagen für diese Hymne verfügbaren originalen Tontafeln erst aus der altbabylonischen Zeit stammen – demnach seit Encheduanna rund 400 Jahre Schreibentwicklung durchlaufen haben.

Geistigen Zugang zum Inhalt erhält man nur dann, wenn die Bezeichnung des Tempels erfasst wird. Gemäß der Überlieferung soll sie *$e_2$-mush$_3$-a* lauten, wobei das *a* angeblich auch wegfallen kann. Die bisherigen Übersetzer wagten sich nicht an die Klärung.

Nun wird der Tempelherr an anderer Stelle auch benannt als

> *$u_3$-mu-un-e-mu-sha*

was man übersetzen darf mit

> *$u_3$ = stolzer mu = Fluggerät un = nach oben e = Aufsteiger vom mu = Fluggerät sha = Hort.*

Daraus ergeben sich zwei Konsequenzen. Erstens war der seltsame Eigenname des Tempels nicht als *$e_2$-musch$_3$-a* zu begreifen, sondern wegen eines **Hörfehlers** als *$e_2$-mu-scha*, – die Übersetzung ist somit klar: ***Fluggerät-Hort.*** Zweitens wird bestätigt: Der Tempelherr wird ursprünglich ganz sicher mit 3 Wortzeichen als *Du.mu.zi* benannt, da er gemäß dieser Schreibung tatsächlich der ist, *„der mit einem Fluggerät nach oben geht“*, wobei das *„oben“* in der *Dingir*-Bezeichnung durch *zi = leben bleibend* die Unsterblichen im Orbitalvehikel anspricht.

Die hier interessierenden Fluggerät-Benennungen tauchen in Z. 212, 214, 215 und 216 auf.

### TH 17, Z. 212

Wenn man *kus$_3$-u$_2$* als *stillgelegt werden* erfasst, dann beginnt diese Zeile nicht mit *ki* und einem Hörfehler *sha$_3$*, sondern mit *ki sha*, wobei *sha = Vogel* zu nehmen ist:

> *Stelle wo der „Vogel“ stillgelegt wird ...*

### TH 17, Z. 214

Diese Zeile hat nichts mit dem „Scheren von Mutterschafen“ zu tun, wie SB und KJ meinen. Sie wollen *u$_8$-lu-a-ra* im Original gelesen haben, wo – wenn man die nachfolgende Z. 215 enträtselt hat – *U.LU. A.RA* gelesen werden müsste. Denn dann haben wir *LU = Stelle, wo der U = u$_3$-mu-un = stolze Flugapparat-Lenker den A$_2$ = Adler RA = sich niederlegen lässt.* Womit *A$_2$ = Adler* in die Bezeichnungssammlung aufzunehmen ist.

**TH 17, Z. 215**

SB deuten an, dass ein Teil dieser Zeile in drei Versionen vorliegt.

Wir registrieren, weil eindeutig, *an-BAD*$_3$ als *das/der Nach-oben-Wegfliegende* und lesen das Behauptete *a-ra-li* als *A*$_2$*.RA.LI = Adler-Liege-Ast.*

Den umstrittenen Rest der Zeile bearbeiten wir hier nicht, um den Leser nicht noch mehr zu verwirren.

**TH 17, Z. 216**

SB und KJ finden einen *wütenden Löwen.* Doch bei TH 7, Zeile 91, war schon geklärt worden, dass statt *pirig = Löwe* mit ***PIRIG* der „*Glänzer*"** gemeint ist.

**TH 18**

In dieser Hymne geht es um das Gebäude des $^{d}$*Nin.shu.bur.a*, dem Herrn, *der die Schale aufleuchten lässt.* Doch berichtet der Text nicht nur Eindeutiges.

**TH 18, Z. 222**

ZI bringt für diese Hymne, die bei ihm Lied 17 ist, mit doppeltem Fragezeichen einen grundsätzlich anderen Anfang als SB oder KJ. Beide stimmen bis auf einen Unterschied beim zweiten Zeichen überein, bei dem SB *ni*$_3$ gelesen haben wollen, KJ aber *nig*$_2$. Beides aber besagt *etwas für/Ding, das.* So finden wir hier die Umschreibung

*ni*$_3$*/nig*$_2$ *gar-ra = Ding, das Verbindung ermöglicht.*

Diese Bezeichnung ist neutral und lässt offen, um welchen Raumgleiter es sich handelt.

**TH 18, Z. 224**

Das gefundene *sukkal = Vizir* sehen wir als Hörfehler für *sug*$_{10}$*-kal = große konstruierte Schale.* Sie *steigt auf, ist auf den „Himmel" gerichtet.* Damit dürfte das *„Licht"* gemeint sein.

**TH 18, Z. 226**

Klarer ist hier das Fluggerät zu erkennen, wenn SB im Kommentar zugeben, dass auf der originalen Tontafel L nichts, wie von SB und KJ übersetzt, von einem „Szepter" geschrieben steht, sondern das Zeichen *PA = Vogel/Flügel/Pfeil* aufscheint. Da unbestritten bei SB und KJ danach *ku*$_3$ *= glanzmetallen* auftaucht, darf man verstehen, dass

> *der glanzmetallene Vogel/Flügel/Pfeil funktionsbereit steht.*

Damit dürfte der *„Glänzer"* gemeint gewesen sein.

**TH 19**

Diese Hymne berichtet über das Reinigungsgebäude der $^{d}$*Nin.girin* in einem Ort *mu-ru-um.*

Bei ZI ist nichts zu holen, in den Umschriften von SB und KJ auch nicht, doch lässt ein Kommentar bei SB zu Zeile 230 erkennen, dass ein Hörfehler vorliegen muss. Das behauptete *bara*$_3$*-ga* muss verstanden werden als *PA.RA.GA = Vogel-/Pfeil-Liegehaus.*

Eine andere Bezeichnung der *Dingir*-Dame lautet *ni-gi-ri-ma.* Dabei dürfte *ni,* wie auch in den Zeilen 324, 429 und 499, eine Verben-Vorsilbe sein, die angibt, wo etwas geschehen soll. Damit hätten wir eine

> *Dingir-Dame des Ortes wo das ma = „Schiff“*
> *zur gi = Umkehr ri = gelagert werden kann*

Dass diese Deutung zutrifft, ergibt sich aus Z. 238, die beginnt mit

> *$e_2$ mu-ru-um ki = Tempel an dem Fluggerät gewidmeten Ort.*

Ich halte *PA = ma = mu* fest und vermute den „*Glänzer*“ hinter der Bezeichnung.

### TH 20

In TH 20 geht es um das Waffenarsenal des *$^{d}$Nin.gir$_2$.su* in Lagasch. Hauptgebäude ist der Tempel, der einheitlich als *$e_2$-ninnu* umschrieben wird, wobei ZI das *u* betont. Drei Bemerkungen vorweg:

Erstens: Zur Zeit der Encheduanna war *ninnu* kein Bestandteil der sumerischen Sprache. Auch weist der Kommentar bei SB darauf hin, dass diese Hymne ihre überlieferte Form erst in der sog. neu-sumerischen Zeit/UR-III-Zeit gefunden haben kann. Das *ninnu*-Zeichen ist daher als eine Fehldeutung und Fehlschreibung für *NIN.NU = Herr des Sich-schnell-Drehenden* anzusehen. Dieses *NU* ist identisch mit dem *Schnell-Drehenden,* der eingangs dieser Untersuchung als Bestandteil der *Dingir*-Definition vorgestellt worden ist und identisch mit dem Raumgleiter *„Licht“*.

Zweitens: In den Umschriften findet man *nin.gir$_2$.su* als Hauptbezeichnung des Tempelherrn. Andernorts habe ich geklärt, dass *NIN/nin* aus *NI.IN* entstanden ist und bedeutet: *Jemand, der sich mit Glanz/Strahlen/Leuchten bewegt.* Der mittlere Bestandteil *gir$_2$* ist ein alternativer Ausdruck für *mun* = *Skorpion* und konnte als *Fluggerät-Typ* zu TH 11, Zeile 153, erläutert werden. Der dritte Teil der Bezeichnung mit *SU/su* = *hinzufügen/bauen lassen* fügt sich gedanklich nahtlos ein zu insgesamt

> *Der sich mit Glanz Bewegende, der „Skorpion“-Fluggeräte bauen lässt …*

Drittens: Ursprünglich soll eine Bezeichnung für Lagasch gelautet haben *SCHIR.BURxLA$^{ki}$*. Das wäre der *Ort des Festlegens der Überfluss-Schale.* An vielen anderen Stellen der Tempelhymnen meint *„Überfluss“* die *„Gaben“*, die mit dem Raumgleiter *große Flugschale/“Licht“* vom *„Himmel“* mitgebracht worden sind.

## IM.DU.GUD

### TH 20, Z. 241

SB bringen folgende Umschrift:

> *AN.IM.DUGUD$^{mushen}$ kur-sh[-e$_3$ igi-il$_2$-la]*

KJ bezeichnen den in Klammern stehenden Text hinter *kur* ebenfalls als rekonstruiert, geben aber keine

Umschrift für den angeblichen „Vogel“, sondern behaupten direkt die akkadisch/babylonische Bezeichnung *Anzu* $^{mucen}$.

Bei ZI findet man für die zweite Zeile des „Liedes“ Nr. 19 nur

> $^{d}$*Im-gi(g)* $^{chu}$ ...

wobei $^{chu}$ ein altes Determinativzeichen für *Vögel* darstellt. Mit einer erklärenden Note teilt er mit, seine Kopie zeige zwar *-dugud* statt *-gi*, aber der französische Forscher Thureau-Dangin habe 1927 in der „Revue d´Assyriologie“, Vol. 24, S. 199 ff., in einem Artikel „L´aigle Imgi“ für eine andere Lesart plädiert. ZI übersetzt denn auch, Thureau-Dangin folgend, mit *der göttliche Imgi-Vogel...*

SB übersetzen: *„Der Anzu-Vogel (bestaunt) den Berg“.* KJ haben keine Probleme zu behaupten: *„Der Anzu-Vogel, der den Berg bestaunt ...“*

Als erste Bemerkung darf in Richtung SB und KJ wiederholt werden, dass ein *Anzu*-Mythos erst seit der Ur-III-Zeit, etwa 200 Jahre **nach** Encheduanna, in einem Keilschrifttext auf Sumerisch belegt ist. Im Zusammenhang mit der obigen ersten Vorbemerkung bedeutet dies, dass diese Zeile mit der Schreibung *IM.DUGUD* **nicht von Encheduanna stammen dürfte ...**

Zweitens gibt es, wie erwähnt, die verwirrende Diskussion, ob das bei SB vorweggestellte Zeichen *AN* - irgendwie „Oben“ andeutend - gesprochen worden ist oder , wie bei ZI, als Determinativ $^{d}$ die „Göttlichkeit“

des fliegenden Objektes bzw. Vogels kennzeichnen sollte.

Drittens hat ZI, freimütig formulierend, mitten ins Herz einer unglücklichen orthodoxen Diskussion gestochen. ZI gibt vor, auf seiner Kopie das Keilschriftzeichen *DUGUD* gefunden zu haben – das er wohl gerne *dugud* lesen und mit *schwer* übersetzen möchte –, während Thureau-Dangin das Zeichen *MI* gefunden haben will und als *gi = Nacht/schwarz* liest. Hinter dieser Differenz steckt, **dass das Zeichen *DUGUD* leicht mit dem Zeichen *MI* verwechselt werden kann**, da *MI* plus ein kleiner waagerechter dahinter gestellter Keilstrich gleich *DUGUD* ist. Der französische Forscher vermerkt denn auch, **erst ab der Zeit von Gudea** (d. h. einige Zeit **nach** Encheduanna) **habe man durchgehend den „Vogel" mit *DUGUD* geschrieben.**

Wenn aber ursprünglich statt später falsch geschriebenem *IM.DUGUD* ohne das kleine waagerechte Strichelchen – auf dem Tontafel-Original bei Encheduanna – ***IM.MI*** stand, dann war das halt der schon erfasste ***Azetylen-„Vogel"***!

Oder geht die durch das Vergessen der Technik bedingte Verfälschung der wahrscheinlichen ursprünglichen Schreibweise der Encheduanna noch viel weiter? Stand bei ihr etwa ***IM.DU.GUD***? Wobei ***DU*** als $du_7$ zu nehmen war? Ein ***Azetylen getriebener Stier/Löwe***? Oder ***DU*** als $du_8$, womit ***ein mit Azetylen aufsteigender Stier/Löwe*** gemeint gewesen wäre? In diese Richtung zeigt der in der Literatur zu findende Beinamen $^{d}$*Im.du.gud* von *Dingir En.lil*, der orthodox als unübersetzbar gilt, aber als Nispe (s. Anhang II) meint: *Der mit dem Azetylen-Stier/-Löwen auf-steigt/fährt.*

Unter diesen Umständen gibt es bei Z. 241 außer *kur* genau genommen nichts zu übersetzen – höchstens etwas zu deuten, was dann, bezüglich des ungewissen Textes in Klammern, mit Hilfe anderer Keilschriftstellen ungefähr so aussehen könnte:

> Z. 241: *Der Anblick/Das Erscheinen des mit Karbidgas getriebenen Flugapparates der Dingir*
>
> *a) bringt dem Land kein Verderben.* oder
> *b) übergießt das Land mit hin und her schallendem Lärm.*

**TH 20, Z. 246** Bei ZI ist nichts zu finden, SB liefern zwei Versionen eines Flickenteppichs, in denen übereinstimmend *mun* $ku_3$ und *cha-mun RI-a* auffallen, während KJ, außer in Bezug auf die Verbalaussage *RI-a,* etwa das Gleiche bringen.

Bei *mun* $ku_3$ handelt es sich um *glanzmetallene „Skorpione"*, weshalb *cha-mun = mehrere „Skorpione"* meint.

> *Auf deinem Kanal* ***glanzmetallene „Skorpione"*** *...*
> *... wässern mehrere „Skorpione"*

Damit wird angesagt, der Fluggeräte-Typ *„Skorpione"* habe auf der Wasseroberfläche landen und verbleiben können.

Nirgendwo bei Encheduanna oder an anderen Stellen konnte man etwas über Landungen von *„Skorpionen"* auf der festen Erde finden. Daher: Waren die Fluggeräte vom *„Skorpion-Typ" trotzdem* Amphibien?

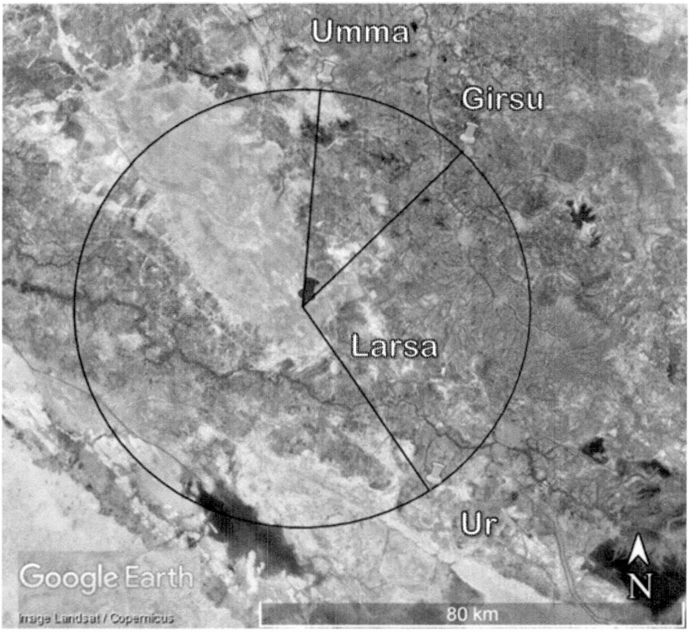


*Abb. 6:*
*Kreis um Larsa mit Radius 4 Beru geht durch Umma, Girsu und Ur – Quelle Abb. 12 in [4]*

**TH 20, Z. 248**

Die soeben gestellte Frage stellt sich auch, weil hier, zwei Zeilen später, ausdrücklich vermerkt wird, dass *die vom glanzmetallenen „Himmel" gestartete*

***„Schale"*** *... auf dem Wasser landet.* Dieses ***„Licht"*** aber startet anschließend immer wieder gemäß den Hymnen vom Land aus und ist demnach eindeutig eine **Amphibie**.

**TH 20, Z. 255**

Diese Zeile ist die erste in einer Laudatio des Tempelherrn, die bis zu Z. 260 geht. Ihr widmet der Kommentar von SB beinahe 2 Druckseiten, die insbesondere den Zeichen *$u_{18}$ -lu* gelten. Daraus wird dort und bei KJ ein „wütender Sturm". Doch findet man letztlich, dass *$u_{18}$ = GISH.GAL = großes Gerät* zu nehmen ist.

Mit diesem *großen Gerät* kann *der Fürst wütend revoltierende Städte/Gebiete wie ein Sturm/Orkan einebnen und durcheinanderwirbeln.*

Dieser *zerstörende Sturm* ist konventionellen Sumerologen auch als *Südwind* bekannt und war gemäß der *Adapa*-Erzählung eindeutig ein *Flugapparat.* Daher gilt **hier** bei Encheduanna

***$u_{18}$ = GISH.GAL = großer Flugapparat = „Licht".***

**TH 21**

Diese Hymne behandelt Erdöl-Aktivitäten einer *Dingir*-Lady *Ba.$U_2$*, derjenigen, *die für den Aufstieg (*Treibstoff*) zuteilt.*

**TH 21, Z. 263**

Diese Zeile weist am Ende mit *mu-$du_{10}$-ga* einen ***herrlich gestalteten Flugapparat*** auf. Doch bleibt etwas unklar, worum es sich handelt. ZI nämlich benennt ihn am Anfang der Zeile mit einem Fragezeichen als *numun*, was SB und KJ als sicher annehmen. Deren Übersetzung *Saat* macht keinen Sinn, da man mit „Saat" kein *Öl-Derivat zum glanzmetallenen „Himmel" bringen* kann. Nun kann man festhalten, dass bei Deimel [2] das sumerische Keilschriftzeichen *numun* als No. 72 geführt wird und dazu die Bedeutung ***NU-MU-UN* = *sich schnell Drehender oben Lärmender*** geschrieben steht.

Der Transport von Öl-Derivaten zum *„Himmel"* setzt Frachtraum voraus, für den in Z. 264 sogar *Reinigung* erwähnt wird. War ein *mun* = *„Skorpion"* vom Typ her groß genug, um den nötigen Frachtraum aufzuweisen? Dass dieser Flugapparatetyp stank und lärmte, ist aktenkundig – aber war er auch ein *Schnell-Drehender*? Jedenfalls kenne ich keine Keilschriftstelle, die ihm diese Eigenschaft zuschreibt.

Der andere Flugapparatetyp, oft *IM.MI* genannt, wurde auch als Azetylen-" *Vogel"* bezeichnet. Seine Vogelform dürfte feststehen und sich ebenfalls **nicht** zum Schnelldrehen geeignet haben.

Ich setze daher *NU-MU-UN* gleich *„Große Schale"*, *„Licht"*.

### TH 22, Z. 275/276

In TH 22 bestätigt Z. 275, dass das *„Wegschwebende"* = *„Licht"* tatsächlich Transportraum besessen hat. Auch in Z. 276 wird über das *„Licht"* berichtet: Während der großen Flut war es auf der Erde in einer *Unterwasser-*

*Kammer* stillgelegt worden, über die in TH 23 [11] interessante Einzelheiten berichtet werden.

**TH 24, Z. 294 – 299**

Als *„Schnelldrehender"* kommt in TH 24 das *„Licht"* zuerst in Z. 294 wieder, worauf anschließend in Z. 297 ausdrücklich die Fähigkeit zur Wasserlandung unterstrichen wird. Eine *glanzmetallene Reihe* von mehreren *„Skorpionen"* scheint in Z. 298 auf. Diese dürften auch gemeint sein, wenn in Z. 299 von *mi*$_2$ *du*$_{11}$ = *Wirbelnden* die Rede ist.

**TH 25, Z. 303**

Um den Start- und Landepunkt des – in Kurzform – $^{d}$*Shara* in Umma mit einem Kühlhaus geht es in TH 25. Die Zeile 303 erwähnt, dass die *Schal*e dort aufsteigen oder wassern kann.

## Insektenartiger Niederschmetterer

**TH 25, Z. 306**

Diese Zeile findet man bei ZI in Lied Nr. 23 nur kurz mit *amash ku*$_3$*-gi ...*, dem eine Übersetzung *reine Hürde ...* beigefügt wird.

KJ bringen, am Anfang auf *amash* = *Hürde* verzichtend,

*X kug-ge u*$_3$*-gul ja*$_2$*-ra asil la*$_2$*-a*

und meinen, das könne man übersetzen mit *in deren heiligem/heiliger ... ist Bitten und Freude.*

SB bringen ähnlich:

*? - $ku_3$-ge $u_3$-gul-$ga_2$-ra*[1] *asila-lal-a*[2].

Sie fügen aber zwei Varianten bei. In einer Fassung stehe vor *$ku_3$-ge* (wie bei ZI) *amash,* ergänzt mit einer Erläuterung *$u_2$-zu*? *$u_2$-gu-ul gar-ra.* In einer anderen Fassung stehe für das Ende wahrscheinlich *a-si-lu-lu x*?. Im Kommentar fügen sie hinzu, man könne den fraglichen Anfang auch *DAG.KISIM$_5$xGA* oder *DAG.KISIM$_5$xGUD* lesen. Da man aber weder mit *amash* noch mit diesen alternativ angebotenen Zeichenreihen zurechtkommt, wird als Übersetzung angegeben: *An/Auf (ihrem) heiligen... ist Geschrei von Gebeten und Jauchzen von Freude.*

Letztlich stimmen die beiden Zeichenreihen überein: Beschrieben wird ein ***dauerhaft geformter insektenartiger Niederschmetterer***.

Das in der Umschrift nachfolgende *$ku_3$* war dann nicht *heilig,* sondern, wie so oft bei Encheduanna, *glanzmetallen/aus Glanzmetall.*

> Z. 306: *Der aus Glanzmetall dauerhaft geformte* ***insektenartige Niederschmetterer*** *geht mit schrecklichem Lärm hoch, ermöglicht eine Verbindung, erlaubt Freude.*

Nun gibt es zwei Insektengrundformen: die eher länglichen mit gespreizten Flügeln und die eher runden oder ovalen Käfer. War der angesprochene *Aufsteiger* eher langgestreckt oder eher schalenförmig?

Zwar spricht der Kontext vordergründig für *„Schale"/"Licht"*, weil der *Dingir Shara* von seiner Bezeichnung her als *SHAR₂.RA* ein *„Überfluss"-Pfleger* war und bekanntlich dieser *„Überfluss"* normalerweise mit dem *„Licht"* vom *„Himmel" herab gebracht* worden ist. Dem widerspricht indessen, dass das Fluggerät als **Niederschmetterer** bezeichnet wird und dem *„Licht"* eine derartige Eigenschaft nirgendwo zugeordnet wird. Zudem ist in Z. 308 vom *shu-mu-ra* die Rede, von einem ***gasgetriebenen Fluggerät*** ohne Qualifikation.

### TH 26, Z. 316 - 320

In TH 26 geht es um Zabalam, den *Ort des Zerkleinerns und Befeuchtens von Steinen.*

In Z. 316 taucht ein *ni₂-gal* auf, ein ***großer Gasgetriebener*** = *„Licht"*.In Z. 318 wird eindeutig das ***„Licht"*** angesprochen.

In Z. 319 und Z. 320 erscheint jeweils ein ***AN.NI,*** der ***Oben Leuchtende.*** Diesen haben wir bei TH 16, Z. 202, als identisch mit dem *„Licht"* eingestuft.

### TH 26, Z. 321

Bei SB findet man

*nin-zu ᵈInanna DAG.KISIMₓ x X munus-dili-e*[1]

mit [1)] = einer Bemerkung, die unverständlich ist, die im Kommentar aber als „die Lesung *dili* bestätigend" erläutert wird. Die Übersetzung soll sein: *Deine Königin (ist) Inanna, ... die einzigartige Frau.*

KJ bringen die gleiche Lesung, außer dass für *KISIM* die Tiefzahl 5 hinzugefügt wird. Bei der Übersetzung hilft das dort nicht weiter – die *Königin* wird lediglich durch *Herrin* ersetzt.

ZI will in dieser Zeile nur am Ende etwas gefunden haben, und zwar eine *nu-gi-ge,* darstellend, für ihn, eine *„(Gott)geweihte"*.

Man kann davon ausgehen, dass die Zeichenreihe, die den orthodoxen Übersetzern Probleme bereitet, einer der Versionen entspricht, die oben bereits im Kommentar zu Z. 306 geliefert worden sind.

Da hier nicht der Ort ist, sich mit der Unzulänglichkeit der Bezeichnung *Inanna* auseinanderzusetzen, wird sie unverändert übernommen. Dann:

> Z. 321: *Deine Herrin, die Dingir-Dame Inanna, die mit dem* ***insektenartigen Niederschmetterer****, eine einzigartige Frau, bringt ein.*

Die *Dingir*-Dame wird als Besitzerin qualifiziert, aber es wird nicht berichtet, dass der *Niederschmetterer von ihr eingebracht* wird.

### TH 26, Z. 322

Diese Zeile dürfte bestätigen, dass es in dieser Hymne um das *„Licht"* geht. Der mit diesem in TH 16 als identisch erkannte ***Großdrache*** wird wieder angesprochen.

**TH 26, Z. 323**

Zeile 323 machte Schwierigkeiten, bis erkannt worden ist, dass auf den Tontafeln tatsächlich die Zeichen *UD.UD* standen und mit dem *hell leuchtenden Ding* das *„Licht" zunehmend Rauch erzeugte.*

**TH 27**

Diese Hymne handelt vom *Steinbrennhaus* des *Dingir Ish.kur* in *Kar-kar-ra* und von der Flucht vor einer *zerstörerischen Flut* an den *Rand* des *„Himmels".*

**TH 27, Z. 330**

Nachdem in Z. 329 von einer *oberen Ebene das „Licht" aufsteigt,* wird in Z. 330 ein ***giri$_x$-zal*** präsentiert, worunter man einen ***lärmend Leuchtenden*** verstehen soll. Es könnte sich um das ***„Licht"*** handeln. Siehe Einzelheiten später bei Z. 472, 474 und 475.

**TH 27, Z. 331**

bringt dann den TE.GAL$_2$ = *Zerkleinerer,*

> *der Nahrung schafft für den Antrieb eines* ***„Löwen"***.

Was mit „Löwe" gemeint ist, wird dort und hier anschließend mit Z. 332 erläutert. Es handelt sich um den ***„Löwenköpfigen" Azetylen-Vogel***, der in dieser Untersuchung als ***„Glänzer"*** geführt wird.

**TH 27, Z. 332**

Bei ZI, wo es um Lied Nr. 25 geht, ist nichts Verwertbares zu entdecken.

SB liefern:

> *(SH)IBIR?-ku$_3$ DAG.KISIM$_5$xGUD-an-na sheg$_x$ (= IM.A.A) she-gu-nu,*

das sie – mit viel Hirnschmalz und Erfindergeist – übersetzen mit

> *Heilig ..., Brustzitze des Himmels, Regen (sendend) für späte Gerste.*

Die von KJ gebrachte Umschrift weicht in zwei Punkten ab. Für das erste Wort mit zwei Silben wird, ebenfalls mit Fragezeichen, *Sabir* gemeldet. Für die lange Zeichenreihe steht unbegründet nur einfach kurz *utul$_5$*, offensichtlich eine *Art große* ***Schüssel***. KJ wagen dann, jedoch ohne selbst die *Schüssel* zu beachten, folgende Übersetzung: *Heiliger Stab, Brustzitzen des Himmels mit Regen für feine Gerste.*

Das kann in Zusammenhang mit Zeile 331 nicht zutreffen!

Doch, so könnte man fragen, was steckt denn hinter dem von SB vermuteten ***SHIBIR***?

Auch das passt in den großen Zusammenhang, den die Orthodoxie wegen ihrer Technikfeindlichkeit (oder Unkenntnis?) nicht sehen will (oder kann). Immerhin haben SB im Kommentar darauf verwiesen, dass die Tontafelversion Ur$_2$ statt des vermuteten

*SHIBIR* eine Schreibung *buru*$_x$ bringt. Das sei so etwas wie eine *Furche/Rinne*. Nun, für ***buru***$_5$ finde ich bei Labat [18], S. 250, *Heuhupfer/Heuschrecke* und ***buru***$_6$ ist gemäß ePSD gleich *Raubvogel*, konkret demnach *Sperber* oder *Habicht*. Entweder hätte man also wieder einen ***glanzmetallenen Heuhupfer*** oder einen ***glanzmetallenen Habicht***.

Doch damit nicht genug, denn das *SHIBIR?* könnte doch auch ***SHI.BIR*** gewesen sein? Demnach *SHI/shi = Zerfall/Zerstörung/Auflösung/Ausströmen* und *BIR = Habicht*? Was wäre vorzuziehen: ***glanzmetallener Zerstörungs-Habicht*** oder ***glanzmetallener Ausström-Habicht***?

Ich ziehe Letzteres vor. Warum denn das? Darf ich an *SHI.IM* erinnern, das *Ausström-Gas/Auflösungs-Gas = Karbid-Gas*, das den *Dingir*, wie oben nachgewiesen, als Treibstoff für Flugapparate gedient hat?

So hätten wir denn für den ersten Begriff der Z. 332 drei Übersetzungsmöglichkeiten erarbeitet: *glanzmetallener Heuhupfer*, *glanzmetallener Habicht* und *glanzmetallener Ausström-/Zerstörungs-Habicht*.

Bleiben noch *sheg*$_x$ *(= IM.A.A)* und *she-gu-nu* zu klären.

Ich „vergesse" die unmögliche Deutung *sheg*$_x$ und wende mich dem von der Orthodoxie gleichgesetzten *IM.A.A.* zu. Wörtlich kann das orthodox *Sturm/Wind + Wasser + Herstellung/Erzeugung* meinen. Ich begriff die richtige Bedeutung lange nicht, bis mir bei TH 42 in [11] klar wurde, dass *IM* für Encheduanna auch den

Wert *Gas* haben kann und sie dort auf die Erzeugung dieses Gases mit Hilfe von Wasserzuführung verweist. Demnach konnte es bei *IM.A.A* um die *Erzeugung Herstellung von Gas mit Wasser* gehen.

Dann aber durfte man die Zeichenfolge als Nispe (siehe Anhang II) und als Bezeichnung für einen Gegenstand betrachten: *Der Gas mit Wasser erzeugt* – eine Kurzbeschreibung für einen Flugapparat mit Karbidgas-Antrieb!

Das nachfolgende *sche* ist dann keine *Gerste,* sondern meint *heulen/heulend,* während man *gu* als *schwebend* und *nu* als *sich schnell drehend* nehmen dürfte. Doch ist das *nu* wohl als Irrtum der Schreiber anzusehen, da der *insektenartige Habicht* sich kaum *schnell gedreht* haben dürfte. Dann kann ich zusammenfassen:

> Z. 332: *Der glanzmetallene Heuhupfer/Ausströmungs-Habicht, ein dauerhafter insektenartiger Firmament-Aufsteiger, der Gas mit Wasser erzeugt, heult und schwebt ...*

Was man mit einer für technische Dinge ungeeigneten Sprache letztlich doch alles beschreiben kann, wenn man den *„Glänzer"* meint.

Ab Zeile 338 folgt in dieser Hymne ein Einschiebsel bis etwa Z. 348, das auf den überlieferten Tontafeln teilweise sehr schlecht erhalten ist und deshalb von der Orthodoxie nicht beachtet wird. Doch ist erkennbar, dass es um einen historischen Bericht über eine Flut geht. Die Benennung dieser Flut mit ***a-ma-ru*** =

*auf das Land losgelassenes Wasser* ist identisch mit der der **Sintflut** der Bibel. Z. 339 erläutert dazu, soweit lesbar, ... *das Unwetter tobt mit siebenfacher Wut ...*

**TH 27, Z. 340**

SB meldet eine Tafel, in der erkennbar sein soll

> ... *im-mir-dal-cha* und ergänzt mit ... *mun*

ZI hat hierzu nichts vermerkt und KJ schreiben Unverständliches. Klassisch wird daraus ein „Wirbelsturm". Daraus kann man stattdessen entnehmen

> *... rennen in Angst, fliegen mit mehreren „Skorpionen" weg ...*

Das Fluggerät, das als *„Licht"* bezeichnet wurde, stand zur Flucht nicht zur Verfügung, weil die *Dingir*-Dame *Nanshe* es gemäß TH 22 vor der erwarteten Flut in einem Unterwasser-Hort in der Nähe des einstmals selbständigen Stadtstaates Nina, des heutigen Surghul, schützend gelagert hatte. [4]

Wo ging die Flucht der *Dingir* mit den *„Skorpionen"* hin? Das in Assyrisch gehaltene Gilgamesch-Epos gibt in der elften Tafel in den Zeilen 113 bis 115 die Antwort. Zunächst hält es in Zeile 113 fest, dass die „Götter" von der Flut in Schrecken versetzt worden sind. Zeile 114 bestätigt den fluchtartigen Aufbruch und gibt das Ziel an: den *„Himmel"* des *Anu = An*. Und dann kommt die bisher unverstandene Sensation. Zeile 115 meldet, sie hätten sich *„an dessen Außenwand geduckt"*. Das stimmt im Grundsatz mit TH 35, Z. 451, überein. Dort wird, siehe weiter unten, festgehalten, dass der *„Himmel“* über einen *„Mund“*/Öffnung verfügte, zu der ein von der Erde startendes Objekt aufsteigen konnte. TH 15, Z. 191, [10], besagt das Gleiche, wenn mit *„etwas wie eine Falle“* eine verschließbare Landebucht an der Orbitalstation beschrieben wird.

**TH 29**

In [11] bin ich davon ausgegangen, diese Hymne handele in ihrer Gesamtheit von einem Hort der ${}^{d}$*Nin.chur.sag.ga*$_2$ für das *„Licht“* in Adab. Nach reiflicher Prüfung und Überlegung vermute ich nun stattdessen, dass zwei uralte Texte betreffend Adab und Kesch zusammengeschoben worden sind, was auch dazu geführt haben dürfte, dass auf einer einzigen Tafel eine zwischengeschobene Zeile 371a auftaucht.

In der Umschrift erscheint sowohl bei SB als auch KJ in Z. 366 und mehrheitlich auch Z. 371

*an-ne*$_2$ *= Oben-Leuchtender,*

*was* bei schnellem Hinsehen als *„Glänzer“* gedeutet werden könnte. Doch wird in Z. 376 und in anderen Keilschrifttexten eine Schreibung von Adab erwähnt, die dem eindeutig entgegensteht: *UD.NUN*$^{ki}$ oder ähnlich, *Stelle einer Hinfahrstruktur für das „Licht“.*

Wenn man das bei Z. 366 in der Umschrift in Frage gestellte *LUL = kalt sein/kühlen* doch beachtet, dann könnte das *„Licht“* etwas *zum Kühlen/ins Kaltsein* gebracht haben. Da in Z. 367 anschließend von einem Tempel die Rede ist, in dem *„Überfluss“* bearbeitet wird, könnte das *„Licht"* dieses *„Etwas"* vom *„Himmel"* gebracht haben.

**TH 29, Z. 371**

Diese Zeile schlägt in die gleiche Kerbe:

> *Hervorragende ME werden immer wieder mit dem „Oben-Leuchtenden" aus der Mitte des „Himmels" zu dir gebracht.*

Damit die wichtige Aussage nicht übersehen wird, sei unterstrichen, dass das „Licht" *in die Mitte* des Orbitalschiffes fahren konnte.

*Abb. 7:*
*Symbol eines Löwenkopf-Adlers auf Knauf eines sumerischen Herrschafts-Zepters,*
*24. Jahrhundert. v. u. Z., British Museum, Inv.- Nr. 23287*

**TH 30**

Diese Hymne berichtet über den Ort Isin, auf Sumerisch *$i_3$-si-in*[ki]. Das meint genaugenommen *Sektor* *zum Nachfüllen von Öl* oder *Stelle der Öl-Behälter zum Tanken.* Dieser Ort wird in Z. 379 auch *Stadt des an-ne₂ = Oben Leuchtenden* genannt und *Stelle, die Verbindung ermöglicht.*

**TH 31**

In Z. 398 erscheint ein *ninda = Stier,* der in Z. 399 noch einmal kommt als *Stierähnlicher = alim* und *pirig = Löwe.* In dieser Hymne ist daher, unter Beachtung von Letzterem, vom *Leuchtenden/"Glänzer"* die Rede.

**TH 33**

Tempelhymne 33 handelt von *En.lil´s* jüngerem Zwillingsbruder *Ish.ta.ra.an,* d. h. vom dem, *der vom Schrein zum „Himmel" fährt.* Der Schrein steht in *$BAD_3.AN^{ki}$*, dem *Ort des zum „Himmel" Wegschwebens/ Wegschwebenden,* der außerhalb von Sumer im Grenzgebiet des von den *Dingir* besetzten Elam lag.

**TH 33, Z. 416/418**

Von einem ***$SHAR_2$-$du_{11}$-ge*** ist in Z. 416 die Rede, als Variante auch von ***$SHAR_2$-$dug_4$.*** Das ist ein ***„Überfluss-Gefäß".***

Was damit gemeint ist, wird klar, wenn in Z. 418 anschließend aus einer *Art Stall* ein **mush-chush** *aufsteigt, eine schreckenserregende Gestaltung,* das bekannte ***furchterregende Azetylen-Ding.***

**TH 33, Z. 422**

Der Tempelherr wird hier dann noch als

***Lugal-BIR-an-na-ke$_4$ = König des Firmament-Habichts***

gekennzeichnet.

Das ***Überfluss-Gefäß***, von dem hier berichtet wird, ist damit gleichzusetzen mit dem *„Glänzer“*, und dieser *Habicht* hatte wohl eher eine längliche Form.

**TH 34**

In Z. 429 taucht *ni$_2$ = der Gasgetriebene/der Azetylen-Flugapparat* auf und kommt in Z. 432 als ***ur-mach galam = kunstfertig hergestellter Löwe*** wieder. Dieser wird in Z. 434 bei SB und KJ mit einer *„Riesenschlange“* verglichen, bei ZI aber mit *gal-ushu* gleichgesetzt. Das ist ein ungewöhnlicher Ausdruck, der nach einigem Suchen als *große Larve/Rieseninsekt* zu finden ist. In Angleichung an das zu Z. 306 Gesagte, habe ich in [11] von *„wie eine Riesenheuschrecke“* gesprochen. In Z. 443 erscheint einheitlich ein *pa = Flügel/Pfeil*, sodass man sofort insgesamt den ***„Glänzer“*** festhalten könnte – wenn da nicht in Z. 440 bei SB ein *u$_4$-chush* auftauchen würde. Muss das mit *schreckliches „Licht“* eingedeutscht werden? Doch kein „Glänzer“? KJ lesen stattdessen *UD*, weshalb man auch *Sturm/Lärm* angetroffen haben könnte. Und tatsächlich: auch *u$_4$* kann als *Lärm* gesetzt werden, weshalb wir letztlich von einem ***furchterregenden Lärmenden*** berichten dürfen und der *„Glänzer“* doch die Hymne beherrscht. Was der *Gasgetriebene/Löwe* dabei *durcheinanderschüttelt, auseinanderbricht, auslöscht und zerstört* nimmt die Beschreibung der Waffen des „*Glänzers*“ vorweg, die in TH 35 mit den Zeilen 451 und 452 folgt.

### TH 35

Es geht hier um den Tempel des $^{d}$*ZA.BA$_4$.BA$_4$* in Kisch. Dessen Bezeichnung kann mit *Dingir, der Steine zerteilt und zuteilt* übersetzt werden, die Stadt *Kisch = ki-i-shi-ib,* als *Ort des fauchenden Steinauflösers*. Der *Dingir* ist identisch mit $^{d}$*Ish.kur* = $^{d}$ *IM* = $^{il}$ *A.ba$_4$.*

### TH 35, Z. 450

Nach der Umschrift von ZI zu urteilen, tauchen die beiden Zeichen *IM* und *DUGUD* in Z. 450 auf (bei ihm Lied Nr. 31, dritte Zeile):

> *ki-sa$_2$-a-zu im-dugud dagal tag-ga*
> *an-sha$_3$-ge si-a*

Den frühen Erkenntnissen der Sumerologie entsprechend, kommt er zu:

> *Dein Außenbau, den das Sturmwind(emblem) …*
> *Himmelsinnere, erfüllt …*

Etwas abweichend, auf alle Fälle aber schon vorweg die angebliche Zeichenfolge *IM.DUGUD* selbstsicher in *muru$_x$* umdeutend, kommen SB zu:

> *ki-sa$_2$-a*[1]*-zu muru$_x$ dagal-tag-ga*
> *an-sha$_3$-ge diri*

wobei [1] für eine Fassung das Fehlen von *a* meldet, was für sie zu übersetzen ist mit:

*Deine Umfassungsmauer (?) ist eine schwere Wolke, sich weit ausbreitend, in der Mitte des Himmels schwebend.*

KJ lesen selbstsicher leicht abweichend:

*ki-sa$_2$-a-zu muru$_9$ dajal tag-ga an cag$_4$-ge dirig*

und übersetzen mit:

*Deine Sockelplatte ist eine umfangreiche niederdrückende Wolke, in der Mitte des Himmels schwebend.*

Wie bei Zeile 136 wird demnach von SB und KJ der *IM.DUGUD* brutal und einfach zu *muru$_{x/9}$* umdeklariert und in diesem eine *schwere/niederdrückende Wolke* gesehen. Ich habe keinen Grund, darin nicht wieder dem *„Umwölkten"* zu begegnen. Auch darf daran erinnert werden, dass *IM.DUGUD* höchstwahrscheinlich eine Fehllesung für *IM.MI = Azetylen-Vogel* ist. Meine Übersetzung lautet denn auch:

Z. 450: *An seiner Ruhestelle sorgt der „Umwölkte"/ Azetylen-Vogel weithin für Angst, wenn er*

a) *hochtreibend in die Mitte des „Himmels" zurückkehrt* oder
b) (besseres Deutsch) *den Antrieb anstellt, um zur Mitte des „Himmels" zurückzukehren.*

Zwei Hinweise in dieser Zeile überliest man allzu leicht. Erstens ist der *Aufstieg* als *Rückkehr* gekennzeichnet, was bedeutet, dass **die Orbitalstation *„Himmel"* hier als Herkunft des *Gas-Vogels/ „Umwölkten"***

**erklärt wird.** Zweitens erfolgt der Aufstieg *in die* ***Mitte*** des *„Himmels“*, was bedeutet, dass diese um den Erdäquator schwingend umlaufende Raumstation doch beträchtlichen Umfang gehabt haben muss.

## Die Waffen des *„Umwölkten“*

### TH 35, Z. 451

Bei ZI findet man diese Zeile in Lied Nr. 31 auf S. 269 als vierte Zeile:

> *$sha_3$-zu gish-ku medda $a_2$-dar (?) she-ir-ka-an-ba-ni-in-$dug_4$*

Er berichtet aber, etwas unverständlich, das *medda* sei *gish-ku-an* geschrieben. Seine Übersetzung bleibt recht kurz mit: ... *dein Inneres, das mit Waffen, Götterwaffen ... geschmückt ist,...*

Bei SB liest man stattdessen:

> *$sha_3$-zu $^{gish}$tukul $^{gish}$$meddu_2$ $a_2$-x-IM$^?$ she-er-ka-an ba-ni-in-$du_{11}$*

In einer Fußnote wird vermerkt, das *zu* am Anfang könne auch als *za* gefunden werden. Die Übersetzung lautet ähnlich unbeholfen: *„Dein Inneres (ist) eine Keule, eine meddu-Waffe, herrlich geschmückt mit ...“*

Bei KJ steht statt *$meddu_2$* ein *$mitum_2$* und statt *$du_{11}$* wie bei ZI ein *$dug_4$*. Die orthodoxe Übersetzung ist nicht ergiebiger: *Dein Inneres ist eine Waffe, eine Keule dekoriert mit ...*

Festzuhalten bleibt vorweg, dass die angebotenen Übersetzungen bezüglich der Zahl und der Art der Waffen recht Unterschiedliches bieten und der lange zweite Teil der Zeile angeblich außer *geschmückt* oder *dekoriert* nichts hergibt.

Ich gehe davon aus, dass das von SB in einer Tontafelversion entdeckte *za* einen Lokativ ansagt, weshalb die Zeile beginnen sollte mit: *In seinem Innern ...,* worauf ein Verbum mit einer Aussage für die – meiner Ansicht nach – zwei unterschiedlichen nachfolgenden Substantive stehen müsste. Das aber fehlt wie so oft und ich ergänze mit *sind/befinden sich.*

Was aber meinen die Substantive? Da sie mit *gish* anfangen oder eingeordnet werden, optiere ich ganz allgemein vorläufig für *Dinge/Sachen/ Vorrichtungen.*

Das erste *Ding* wird bei ZI mit *ku* präzisiert, bei den anderen mit *tukul.* Für *ku* finde ich u. a. *niederlegen/ausbreiten/niederwerfen.* Für *tukul* wird nur *Stock/Waffe/Meißel* angeboten. Erste Bedeutung demnach *Ding zum Niederwerfen/Niederwerfwaffe.* Zweite Bedeutung so etwas wie ein *Meißelding/Meißelwerkzeug,* etwas, das man *heruntersausen* lässt, um *zu spalten/zerkleinern,* demnach eine *Waffe zum Zerstören.*

Für das zweite *Ding/Waffe/Vorrichtung* finde ich *gish ku an* und *meddu$_2$* und *mitum$_2$* als Analysebasis.

*gish ku an* macht kaum Schwierigkeiten: eine Waffe, die das *Firmament herunterfallen lässt* oder *vom Firmament herunterfällt.*

Für *meddu$_2$* und *mitum$_2$* kann man außer ganz allgemein *Waffe/Keule* nichts Vernünftiges finden, wird aber auf einen Komplex von zusätzlichen Schreibungen verwiesen wie *mi-tum* und *mi-i$_3$-tum.* Da *tum* auch *bringen/einbringen* meinen kann und *mi* auch als *me = Kampf/ Schlacht* begriffen werden darf, hätte man einerseits *etwas, was man für den Kampf mitbringt,* und andererseits eine *Vorrichtung, um in die Schlacht Öl einzubringen.*

Wenn ich die bisherigen Überlegungen in besserem Deutsch zusammenfasse, erhalte ich als Anfang der Zeile etwa:

*In seinem Innern befinden sich*

*– eine Waffe/Keule zum Niederwerfen und Zerschlagen*

*und*

*– eine Waffe/Vorrichtung*

*a) zum Kampf in der Schlacht*
*b) um brennbares Öl in den Kampf einzubringen*
*c) um etwas vom Firmament herunterfallen zu lassen.*

Wollte ich die lange und bisher unübersetzte zweite Hälfte der Zeile hier analysieren, würde ich den Normalleser zu Tode langweilen oder eher mit Kleinkram verärgern. Dem staunenden Sumerologen dagegen könnte ich selbstverständlich detailliert Auskunft erteilen. Nur zwei Hinweise hier: Erstens darf man vom Gesamtzusammenhang her ***a$_2$-dar-IM*** als ***Der zum***

***Drehen mit Gas Konstruierte*** verstehen und zweitens ist *dug₄/du₁₁* zusammen mit *in = en = ihm* als *ihm wird befohlen* zu begreifen. Dann:

> *Der zum Drehen mit Gas Konstruierte leuchtet hell auf, ihm wird befohlen, er möge zum „Mund"/zur Öffnung des „Himmels" aufsteigen.*

Damit Kleinigkeiten in dieser Feststellung nicht überlesen werden, sei unterstrichen, dass dieser Text davon berichtet, das Orbitalvehikel *„Himmel"* habe über einen *„Mund"/Öffnung* verfügt, zu der ein von der Erde startendes Objekt – *ein mit Gas zum Drehen Konstruierter* – aufsteigen konnte. Erstens wird damit zumindest indirekt die Aussage der TH 15, Z. 191, bestätigt, das Orbitalvehikel habe über eine Landeklappe verfügt. Zweitens aber kann eindeutig die Identität des *„Umwölkten"* mit dem *„Gas-Dreher"* vom Zeilenzusammenhang her nicht geleugnet werden. Für das für Sumerologen so rätselhafte Objekt, das ich des Öfteren *„Glänzer"* nenne, war indessen schon in der vorhergehenden Zeile 450 unterstrichen worden, sein Aufstieg zum *„Himmel"* sei eine *Rückkehr.*

**TH 35, Z. 452**

Bei ZI ist dies Zeile 5 seines Liedes Nr. 31, die er präsentiert als:

> *zi-da-zu kur dub₂-bu chub₂-bu-zu erim sal-e*

Seine Übersetzung lautet:

> *Deine Rechte zerschmettert das (Feindes)land, deine Linke streckt den Feind hin.*

Diese Deutung überrascht. Man kann noch konzedieren, dass bei *erim* irgendwie die Homophonnote 2 verschwunden ist und tatsächlich *erim*$_2$ gleich *Feind/Feinde* gemeint war. Doch besagt *chub*$_2$*-bu* keineswegs *links.* Es ist irgendein *Entwurzler/Ausreißer* oder so ähnlich. Handelt es sich hier erneut um einen Hörfehler? Oder handelt es sich um den Rest einer missverstandenen zweiten Zeilenhälfte?

SB notieren so ähnlich, richtig mit *erim*$_2$, versehen den Text aber mit vier Anmerkungen:

> *zi-da-zu*[1)] *kur dub*$_2$*-bu*[2)] *gab*$_2$*-bu-zu*[3)]
> *erim*$_2$ *sal-e*[4)]

Dazu als Anmerkungen: 1) Die Mehrzahl der Keilschriftfunde bringt *-bi* für *-zu.* 2) Eine Tafel bringt für die drei Zeichen *kur du.* 3) Das erste der drei Zeichen wird auf einer Tafel wahrscheinlich durch *ga* ersetzt. 4) *sal-e* ist nicht ganz sicher ... Anmerkungen 2) und 3) werden auf angebliche syllabische Schreibungen zurückgeführt. Die Übersetzung lautet trotz der Anmerkungen einheitlich:

> *Deine rechte (Hand) lässt den Berg erzittern, deine linke (Hand) zerstreut den Feind (am Boden).*

Abgesehen von den üblichen Abweichungen in der Zitierweise bringen KJ dasselbe ohne Anmerkungen, haben jedoch bei *erim* ebenfalls das Homophon 2 entdeckt. Die Übersetzung:

> *Deine rechte Hand lässt Berge erzittern,*
> *deine Linke dünnt die Feinde aus.*

Meine Art, das Geschriebene verstehen zu wollen, bleibt nahe an dieser Version. Eminente Sumerologen werden aber meine Argumentation verstehen, wenn ich an eine Grundtatsache des Sumerischen erinnere: Man hat von rechts nach links geschrieben. *zi-da zu* begreife ich daher wortgetreu als *deine rechte Seite*, wobei auf die Waffe hingewiesen wird, die beim Schreiben auf der rechten Seite der vorhergehenden Zeile zuerst auftauchte, in gutem Deutsch: *Die Erstgenannte*. Diese Waffe *zerschmettert Berge*. Warum man bisher das *-bu* (mit einer anderen Bedeutung als *zerschmettern/entwurzeln*) nicht beachtet hat, ist mir unverständlich: *perfekt/vollkommen*. Dann aber wird weiter behauptet, das *-bu* in der nächsten Zeichengruppe hätte keine Eigenbedeutung, weshalb dort *deine Linke* zu verstehen wäre, was stattdessen *die Zweitgenannte* ansagen würde, die *die Feinde ausdünnt*. Dann hätte man als erste Version:

> *Die Erstgenannte zerschmettert Berge vollkommen, die Zweitgenannte dünnt die Feinde aus.*

Liegen Hörfehler und/oder Verständnisfehler vor?

Die angebliche syllabische Schreibweise kann nämlich zusammen mit derartigen Fehlern der alten Schreiber auch anders verstanden werden. Diese zweite Art des Herangehens stößt sich vorweg an der Tatsache, dass gemäß Anmerkung 1) die Mehrzahl der Tontafeln als drittes Zeichen *bi* zeigt und nicht *zu*. Unter den zahlreichen Bedeutungen von *bi* spricht mich dann *heulen/röhren* an, weil *zi* ein falsch gehörtes ***shi*** *= auflösen/ausströmen* sein kann und **da** auch *Vogel* angibt. Der Anfang wäre folglich: *Der* ***Ausström-"Vogel"*** *röhrt ...,* womit die Auflösung von Karbid mit Wasser zu Azetylen angesprochen wird. Das angebliche syllabische *kur bu* würde als *verbrennt/schmelzt und zerschmettert* folgen. Was zerschmettert wird, steht in *ga = Gebäude.* Das *bu* besagt dann, wie das Zerschmettern erfolgt: *vollkommen/perfekt!* Und *zu* wäre als Homophon *zu₂* zu begreifen, als *Trennscheit/Rammspitze.* Dann hätte man als zweite Version, die mir wahrscheinlicher erscheint:

> Z. 452: *Der mit Azetylen getriebene „Vogel" röhrt, brennt nieder/schmilzt und zerschmettert Gebäude vollkommen. Das Trennscheit/ die Rammspitze dünnt die Feinde aus, vertreibt sie!*

Z. 451 hatte zwei *Waffen/Vorrichtungen* genannt. Als erstes war eine *Vorrichtung/Keule zum Niederwerfen und Zerschlagen* aufgeführt worden. Das wird in dieser Version als *zerschmettern* wiederholt. Für die zweite *Waffe/Vorrichtung* war konkret ausgesagt worden, es gehe darum, *brennbares Öl in den Kampf einzubringen* und *etwas vom Firmament herunterfallen zu lassen.* Die erste konkrete Aktion kommt als *niederbrennen/schmelzen* wieder. Agierte da *eine Art Flammenwerfer?* Die zweite konkrete Aktion kommt jetzt als *Trennscheit/Rammspitze* vom Firmament herunter.

Z. 452 enthält in dieser zweiten Übersetzungsversion, die ich gerade deshalb für die wahrscheinlichere halte, damit ähnliche, ja konkretere Aussagen als

Z. 451 und stellt so eine konkretisierende Umschreibung der Zeile 451 dar.

## Der Orthodoxie ein „Licht“

### TH 35, Z. 453

Diese Zeile leitet die Schlussformel der TH 35 ein, die je nach betrachteter Tontafel mal zwei oder drei Zeilen nachfolgen lässt mit – wie meist falsch geschrieben – *Za-ba*$_4$*-ba*$_4$ als *Stadtherr*.

ZI bringt folgende Umschrift:

> *nun-zu uru-ru mach ud-gal ki-ush-sa*
> *ni*$_2$*-chush-gal ri-a,*

was er übersetzt mit:

> *Dein Fürst ist ein gewaltiger Sturmwind (?), ein großes Wetter,*
> *bei (seinem) Tritt mit gewaltigem Schreckensglanz angetan.*

SB sehen die Zeichen leicht anders und weisen auf drei weitere Unterschiede hin:

> *nun-zu u*$_X$*-ru-mach*[1] *u*$_4$*-gal*[2] *ki-us*$_2$*-sa*
> *ni*$_2$*-chush-gal*[3] *ri-a*

Zusätzlicher Unterschied wegen der Bemerkungen

1) statt *u*$_X$*-ru* auf einer Tafel *uru*$_X$ = *EN*

2) Dieselbe Tafel lässt *gal* fallen.

3) Eine andere Tafel ersetzt dieses *gal* durch *e*.

Trotzdem folgt eine Einheitsübersetzung:

*Dein Fürst (ist) mächtig (?) und erhaben, ein großer Sturm, der die Erde bedrängt, angetan mit Schreckensglanz.*

KJ bringen als Umschrift in ihrer besonderen Art, die ich angleiche:

*nun-zu* $u_{18}$*-ru mach ud gal ki* $us_2$*-sa* $ni_2$ *chush gal ri-a*

was übersetzt wird mit:

*Dein Prinz, mächtig und brillant, ein großer Sturm, der die Erde überwältigt, flößt große und schreckenerregende Angst ein.*

Ich darf meinerseits beim Übersetzen davon ausgehen, dass Encheduanna an vielen Stellen in den Tempelhymnen mit *ud*/$u_4$ das *„Licht"* meint, das als Verbindungs*gerät* zwischen *„Himmel"* und Erde dient. Es wird hier auf den Tafeln bei ZI und KJ als *gal* qualifiziert, was nicht als *groß* genommen werden darf, da für diesen Flugapparat nur über ein einziges Exemplar berichtet wird und nicht über kleine oder große Ausführungen. Zudem verweisen SB darauf, dass *gal* auf einer Originaltafel fehlt. Hier wäre daher wohl *mächtig/großartig* angebracht.

Sodann ist mir unverständlich, weshalb *ru* als *bearbeiten/zuschlagen* bei allen bisherigen Versuchen unbeachtet blieb. Ich gebe zu, es ist ungewöhnlich, $u_{18}$*-ru mach* zu finden, aber Encheduanna war halt – wie es ein bekannter Sumerologe ausgedrückt hat –

wortgewaltig wie Shakespeare. Das sind zwei Verbalaussagen: Der Fürst *schlägt gewaltig zu, ist großartig.*

Die nächste Wortsequenz beginnt mit *ki,* was in dieser ungewöhnlichen Stellung einen Lokativ *auf der Stelle/auf Land* signalisiert, im Gegensatz zu dem *a* am Zeilenende, das dann als *auf dem Wasser* zu erfassen ist.

Wegen der zusätzlichen Erkenntnis, die im Laufe dieser Untersuchung gewonnen werden konnte, erkennt man damit eine überraschende neue Formulierung. In [11] musste noch wegen des klassisch gesetzten *$ni_2$ = Angst* von einer *Wasserlandung unter schrecklich großer Angst* berichtet werden. Jetzt wird eine neue Version erkennbar, die *„Glänzer"* und *„Licht"* klar unterscheidet und die beiden gegenüberstellt:

> Z. 453: *Dein Fürst schlägt gewaltig zu, ist großartig. Auf Land steht das mächtige „Licht" bereit, der schreckliche Azetylen-Flugapparat (*der „Glänzer*") landet auf dem Wasser.*

Damit lichten sich die geistigen „Wolken" um den *„Gas"-Vogel/Umwölkten.* Die Berichterstatterin Encheduanna signalisiert damit eindeutig, dass zwischen dem (auch im Raum gleitenden) *Azetylen-Flugapparat „Glänzer"* und dem Raumgleiter *„Licht"* keine Identität besteht.

**TH 36**

In dieser Hymne geht es um den Tempel von *Dingir Nergal* in Kutha. Auf Grund der eigenen Übersetzung von Z. 459 in [11] konnte man annehmen, diese Zeile handele von einem Flugapparat. Im Anschluss an die bisher in dieser Studie präsentierten Ergebnisse kam aber der Verdacht auf, dass das im Keilschriftoriginal zu findende Substantiv *$ni_2$ = Gasgetriebener* mit dem Adjektiv *furchterregend* nicht sachgerecht erfasst worden ist. Die Satzkonstruktion war zu überdenken, wobei die vier Versionen der Lesung von SB erneut zu hinterfragen waren.

*Abb. 8:*
*Anzu-Vogel, Nimrudtempel Ninive,*
*Seitenverkehrter Ausschnitt aus dem British Museum*
*Inv. Nr. 124571*

*shilam* war letztlich als Hörfehler für *shi -lam* zu begreifen, wobei *lam* eine Nomen-Ansage für *shi = aus-*

*strömen* war. Probleme machte dann noch das zweite Subjekt ***$gu_4$-am***, das als *professionell/sachgerecht gewartet werdend* beschrieben wurde. Als dann festgestellt worden ist, dass *am* auch *Vogel* sein kann, und wegen dieser Untersuchung die Assoziierung *$gu_4$ statt $ni_2$* hochstieg, konnte sachgerecht übersetzt werden:

> Z. 459: *Unter Ausströmen nähert sich* ***das Azetylen-Ding/der Gasgetriebene*** *an zum Auskühlen,* ***der Stier-"Vogel"*** *wird professionell gewartet.*

Der Flugapparat der Z. 459 ist daher der altbekannte ***„Glänzer"***.

### TH 37

Diese Hymne ist als dritte nach TH 8 und TH 11 dem *Dingir NANNA* geweiht, der wie dort, und in derselben Reihenfolge, mit seinen drei Bezeichnungen erscheint. Dieser Textabschnitt handelt in Urum, das mit dieser Bezeichnung als *Nebenstützpunkt* gekennzeichnet wird und im Norden von Sumer bereits auf akkadischem Gebiet lag.

Im Sinne der vorliegenden Untersuchung springt als erstes die zweite Zeile ins Auge, die Z. 469 in der Standardzählung von SB. Dort findet man, auch bei KJ,

> *$e_2$ $ab_2$-lu a,*

was denn auch als, von SB, mit *Haus mit vielen Kühen* und bei KJ mit: *Haus wo es von Vieh wimmelt* übersetzt wird. Doch will ZI

> *$e_2$ $ab_2$-udu*

gefunden haben, das aber seiner Ansicht nach – und ohne nähere Begründung - erfasst werden soll als

*$e_2$ utul - a,*

was dann als *Tempel mit der* ***„Schüssel/Schale“*** begriffen werden müsste. Dann darf man an Z. 165 erinnern, wo eine Identität von ***„Schale“*** und ***„Licht“*** nahegelegt worden ist. Dass der vorerwähnte Tempel ausdrücklich als *weiträumig* beschrieben wird, geht in die gleiche Richtung.

**TH 37, Z. 470**

Auch in dieser nachfolgenden Zeile will die Orthodoxie beim „Vieh“ bleiben und begreift das *sipa* als *Schafhirt,* während *SI.PA* gelesen werden sollte, gleich *Flügel-Hochtreiber/Pfeil-Hochtreiber,* womit in Verbindung mit dem Rest der Zeile nur ein *Flugapparat-Lenker* gemeint sein kann. Denn dort entdecken wir, mit dem weiter vorne erworbenen zusätzlichen Wissen, einen ***sha = Vogel***. Diesen *ak = lässt* der handelnde *Dingir un = oben mu = aufleuchten.* Wir finden daher

> Z. 470: *$^{d}$Ash.im.babbar.e = Der mit Gas strahlend aufsteigende Dingir lässt als Flugapparat-Lenker den „Vogel“ oben aufleuchten.*

Es bleibt vom reinen Text dieser Zeile her letztlich offen, was hier mit „*Vogel*“ gemeint ist: der „*Glänzer*“ oder das „*Licht*“? Wegen früherer Textstellen optieren wir für den „*Glänzer*“.

**TH 37, Z. 472 – 475**

Diese Texte fehlen bei ZI, während bei SB und KJ jeweils ein Ausdruck auftaucht, dem bei SB keine Fußzahl zugeordnet werden kann, der aber bei KJ deutlich als ***$giri_{17}$- zal*** erfasst ist. Worum handelt es sich?

In Bedeutungssammlungen wird der Ausdruck als „Freude/Erbauen" oder so ähnlich geführt. Das kann von der Sache her hier nicht zutreffen. Im Kommentar von SB wird Identität mit ***KA-zal*** festgehalten. *zal* meint *leuchten/scheinen/schmelzen. KA* hat viele Bedeutungen, darunter *Mund/Öffnung/Quelle/Tor/ Schrei/Lärm.* Unter den zahlreichen erlaubten Kombinationen könnte hier sachgerecht *Schmelz-Öffnung* oder *mit Lärm leuchten* oder als Gegenstand ***der Lärmend-Leuchtende*** sein.

Bei der Zeile 472 sind nur zwei Stellen überhaupt lesbar:

*„Licht" des NANNA* und *$giri_{17}$-zal*

wobei hier offen bleiben muss, ob das Zweite *Freude/ Erbauen* besagen soll oder den *Lärmend-Leuchtenden* meint. Letzteres würde die Identität mit dem vorausgehenden *„Licht"* bestätigen.

Die nachfolgende Zeile 473 könnte in diesem Sinn gedeutet werden, da dort das *„Licht"* aufscheint. Man kann nämlich das am Anfang tatsächlich mit einem Füllzeichen X stehende *TE.[X]-zu* unter Hinweis auf Z. 331 der TH 27 zu *TE.GAL$_2$-zu* ergänzen, für das wir *Zerkleinerer* gefunden hatten. Zwei weitere Worte sind klar zu erfassen. Ein drittes wird in den neueren Umschriften mit Fragezeichen versehen, steht in der ursprünglichen Bearbeitung von Sjöberg [13], die ebenfalls hinzugezogen worden ist, jedoch als *ri*. Das können wir wegen Z. 305 als *zerstoßen* nehmen. Deshalb:

> Z. 473: *Dein Zerkleinerer* (Verbum) *für das „Licht" reichlich Zerstoßenen ...*

Ich bin bereit, Wetten einzugehen, das fehlende Verbum habe *liefert* oder so ähnlich gelautet und bei dem *Gelieferten/Bereitgestellten*, das am Ende im Text fehlt, habe es sich um *zerstoßenen* Kalkstein für den Brennofen zur Karbidherstellung gehandelt.

Auch die Zeile 474 ist im Original reichlich unvollständig, doch lässt sich eindeutig festhalten:

> Z. 474: *Dein Fürst, der Fürst des aus Glanzmetall gebauten* ***Lärmend-Leuchtenden*** *...*

Was dann in Zeile 475 kommt, hat mich beinahe verzweifeln lassen. Zimmern hatte eine so schlecht erhaltene Keilschrifttafel, dass er schon nach Z. 472 aufgegeben hat. Bei SB stand zwar allerhand, aber da war kein Sinn hineinzulesen, bestimmt nicht. Ausnahmsweise wich dann auch noch die Umschrift bei KJ stark von der bei SB ab. Doch auch sie blieb zunächst ganz rätselhaft und zum Schluss immer noch in einem Punkt fragwürdig. Die schließlich hinzugezogene alte Sjöberg-Quelle [13] brachte noch eine Variante. Die erste Zeilenhälfte konnte schließlich geklärt werden mit:

> Z. 475: *Vom blaumetallisch schimmernden „Himmel" her geht der* ***Lärmend-Leuchtende*** *nieder, dockt ... an ...*

*Bläulich schimmerndes Metall* war schon in [10] in TH 13, Z. 172, im Keilschriftoriginal aufgetaucht als Bauelement des *„Feurig Glänzenden"* von *U.tu*, der dann in Z. 174 als das *„Licht"* identifiziert wurde. Wir hatten mit *bläulich schimmerndes Metall* übersetzt und unterstrichen, dass es sich um eine der wenigen Stellen in den Tempelberichten handelt, an denen der Begriff *Glanzmetall* mit einer Farbschattierung näher erläutert wird. Hier eine weitere Stelle dieser Art, bei der aber nicht der Konstruktionsstoff des *„Lichtes"* angesprochen wird, sondern die Bauart des *„Himmels"*. Da derartige technologische Einsichten der konventionellen Sumerologie fernliegen, sehen KJ *„freudig"* eine *„Zelebrierung"*, die sich irgendwie *„am blausteinfarbenen Firmament"* abspielt. Das sumerische Verbum für *andocken* war schon in TH 25, Z. 307, und TH 26, Z. 322, in [11] aufgetaucht.

### TH 37, Z. 476

Weder bei SB noch bei KJ kann man auf den ersten Blick vermuten, in dieser Zeile stehe etwas von einem Flugapparat, denn dort findet man verfälschend *$zal_x$-zalag* oder *dadag* statt dem ***UD.UD***, das tatsächlich mit Keilschriftzeichen anzutreffen ist. Dann aber dürfen wir an das erinnern, was oben in TH 13 zu den Zeilen 170 – 174 kritisch erarbeitet worden ist, und einen

***hell leuchtenden*** *Stier/Löwen* festhalten, der als mit dem ***„Licht“*** identisch agierte:

> Z. 476: *Der in Richtung Sumer zurückkehrende* ***hell Leuchtende***

Auf Englisch wird bei den klassischen Übersetzungen „das Land überstrahlt“ oder so ähnlich argumentiert und nicht erkannt, dass *kalam* Sumer ansagen will. Der Tempel von Urum lag nun aber außerhalb des *„Landes“ = Sumer*, in Akkad!

**TH 38**

Bei keiner Hymne der vorliegenden Sammlung wäre eine Einsichtnahme in die originalen überlieferten Tontafeln für eine sachgerechte Übersetzung so wünschenswert wie bei dieser. Die in der Literatur verfügbaren Umschriften strotzen nicht nur von Varianten, auch „lesen“ die Bearbeiter schon vor der Umschrift Unterschiedliches, das sie dann auch noch subjektiv ausdeuten. Was steht tatsächlich dort, wo der eine *UD* liest, der andere $u_4$? Was meint *UD.UD* dort, wo einengend *babbar* oder $babbar_2$ behauptet wird? Weshalb wird bei einem Autor mitgeteilt, im Original stünde dreimal $zimbir^{ki}$, während die anderen *UD.KIB.NUN* bringen, mal mit Punkten, mal mit Strichen und mal mit *KI* oder mal ohne *KI*?

Den Ort, auf den sich das alles bezieht, benennt man heute mit Sippar oder Zimbir, nördlich gelegen von Sumer in Akkad. Zur Wortgenese von Sippar möchten wir die teils abenteuerlichen Standard-Erklärungen nicht kommentieren. **Zimbir** habe ich in [3], S. 107/108, eingehend analysiert und als ***Wo der Gas-Habicht aufsteigt*** nachgewiesen, – aber gleichzeitig vermerkt, es könne ganz ursprünglich ein Hörfehler vorliegen für *SHI-IM-BIR*$^{KI}$, d. h. für *Ort des Auflösungsgas-Habichts.*

**TH 38, Z. 479**

Der identische Ort ***UD.KIB.NUN***$^{KI}$ war in [11] als *Ort für das „Licht-Ding" des Fürsten* erfasst worden, weil die Bedeutung *KIB = Vogel* noch nicht bekannt war. Auch war nicht erkannt worden, dass die Zeichenreihe an *UD.GAL.NUN* angeglichen werden kann, was *En.Lil* als den *Großen Dingir von der Hinfahrstruktur* kennzeichnet, indem *UD* gleich $^{d}$ zu setzen ist. Da *NUN* gemäß Deimel [2], S. 76, auch *NU-UN* besagen kann, finden wir als Nispe (siehe Anhang II) einen Ort für den ***UD = Dingir*** **mit dem** ***UN = oben NU = schnell drehenden KIB = Vogel.***

Nach dieser Ortsbezeichnung folgt in der ersten Zeile dieser Hymne der Hinweis, es handele sich bei dieser Stelle um den *Sitz des Dingir U.tu.* Ohne Übergang wird angefügt, ein *ud* (eine Umschrift) oder ein $u_4$ (andere Umschrift) strebe zu einer *dur*$_2$*-gar-ra = Stinkkuhle, die Verbindung ermöglicht.*

War der eingangs erwähnte *Vogel* gleich dem normalen $u_4$ = *„Licht"* oder kam *ud/UD* ins Spiel, ein *Leuchtendes/Strahlendes* (mit Flügeln?) oder auch, weil gemäß modernen Wörterlisten ebenfalls mit *UD* bedeutungsgleich, ein – nicht sachgerecht übersetzter – (fliegender) *Löwe/Stier*?

War der „*Glänzer*“ angesprochen oder doch eher das „*Licht*“? Wer startete normalerweise aus einer *Stinkkuhle*? Doch Letzteres?

**TH 38, Z. 480**

Zu dieser Textpassage hat ZI nichts vermerkt, KJ verfälschen im Vergleich mit SB die Umschrift. Letztere erläutern im Kommentar den Anfang der Zeile. In *e₂-NUN* könne *NUN mit ga-ar* gleichgesetzt werden. Dann haben wir mit den beiden ersten Zeichen eine *zweckgerechte Baustruktur* entdeckt. Da *NUN* gemäß Deimel [2], S. 76, aber auch *SI-IL = platzieren zum Auffüllen* besagen kann, wird *ein zum Platzieren und Auffüllen bestimmter Bauteil* angesprochen. Dieser Bauteil soll im „*Himmel*“ liegen.

Die Fortsetzung der Zeile wird nur verständlich, wenn man beachtet, dass in einer Tafel-Version zusätzlich ein *e = hinausgehen* aufscheint. Wer oder was geht aus dem „*Himmel*“ hinaus? Dieses *mul* wird in der Klassik oft mit „Stern“ gleichgesetzt, doch bedeutet es genaugenommen *das Sprinkelnde* und kann also *jedes sprinkelnde Objekt* am Firmament beschreiben.

Das nachfolgende *men = Krone* ergibt im Zusammenhang keinen Sinn, aber wenn man in der Umschrift richtig *MEN* geschrieben hätte, wäre daraus gemäß dem Verfasser des Sumerischen Lexikons, John Alan Halloran, S. 38 in [17], über die Zwischenstationen *tam* bzw. *tan₂* ein *aufleuchten* geworden.

Z. 480: *Aus dem zum Platzieren und Auffüllen bestimmten Bauteil des „Himmels" geht das „Sprinkelnde" hinaus, leuchtet auf...*

Der Rest der Zeile gehört als Anfang zur folgenden Zeile, die aber auch nicht klärt, ob das *„Sprinkelnde"* gleich *„Glänzer"* oder *„Licht"* ist.

**TH 38, Z. 484**

Die Umschriften präsentieren einen Variantensalat, in dem einerseits im Hinblick auf die hier laufende Untersuchung interessant ist, dass am Anfang ein ***Stier*** erscheint, andererseits aber dann anklingt, dass es sich dabei um ein ***KA*** bzw. um ein ***giri$_{17}$*** gehandelt hat, demnach um den ***„Lärmenden".***

**TH 38, Z. 489/491**

Diese Zeilen legen offen, dass es bei dem in dieser Hymne angesprochenen Fluggerät von *Dingir U.tu* um das ***„Licht"*** geht. In Z. 489 erscheint es bei SB zweimal als *u$_4$* und bei KJ zweimal als *ud*. In Z. 491 vergewaltigen die Umschriften von SB und KJ das von ZI festgehaltene *UD.UD* zu *babbar$_{(x,2)}$.*

**TH 39**

Dies ist die dritte Hymne, die in der Sammlung *$^d$Nin.chur.sag.ga$_2$* gewidmet ist, der Halbschwester von *$^d$En.lil.* Zwei Zeilen sind in dem hier betrachteten Zusammenhang wichtig. Sie werden eingehend in [11], S. 202 - 205, analysiert, da sie wegen ihrer Varianten schwer verständlich sind. Z. 498 spricht von einer *schalenförmigen Metallgestaltung zum Starten eines* ***shesh* = *„Stinkenden“*** , die in Z. 499 als *glanzmetallenes Podest zum Starten des* ***„Lichtes“*** erläutert wird.

**TH 40**

Dieser Text berichtet über Ul-mash, einen Teil der Stadt Akkad, die noch nicht exakt lokalisiert werden konnte, aber irgendwo im Norden des heutigen Bagdad gelegen haben dürfte. Auf Umwegen über einen lokalen Beinamen der Tempelherrin *In.an.na* waren wir in [11] dazu gekommen, die Bezeichnung des Tempelortes mit *Die einst Abgebrannte und Verfluchte* zu übersetzen.

## Die *„Himmels-Scheibe“*

**TH 40, Z. 507**

ZI, SB und KJ wollen gemäß Umschrift *igi-nim* gefunden haben und übersetzen das mit – bei SB mit Fragezeichen – *Hochland*. Als nächstes Zeichen erwähnen dann SB und KJ jeweils *KAB*. Beides passt nicht zusammen. Wir erinnern uns daran, dass wir in [10] wegen Varianten im Keilschrifttext bei Z. 191 der TH 15 auf *nim/NIM* = *„Das da oben“* = *GISCH* = *Gerät* = *Raumstation „Himmel“* gestoßen waren.

Wie passt *KAB* dazu?

Es könnte gemäß ePSD so etwas wie die äußere seitliche Begrenzung an der Gebissstange von Pferden gewesen sein, wofür man dort *wing* = *Flügel* setzt. Unser fotografisches Gedächtnis legt eher *Rosette/Scheibe* nahe.

Dann darf ich, nach berichtigter Umschrift, wegen ***NIM.KAB*** vorschlagen:

> Z. 507: *Ul-masch, wo einst die **„Oben-Scheibe“**/ **„Himmels-Scheibe“** aus Sumer kommend auf dem Wasser gelandet ist.*

Von der Scheiben-**Rundform** her tippen wir auf das *„Licht“.*

**TH 40, Z. 508 - 510**

Die Umschriften servieren einen ***pirig₃ – chush***, der als „schreckenerregender Löwe“ genommen werden soll. Wir können auf die Erläuterung zu TH 7, Z. 91 verweisen und erkennen sachgerecht den ***furchterregenden Leuchtenden***, der dann mit Z. 509 und Z. 510 eindeutig als ***„Glänzer“*** identifiziert werden kann.

**TH 40, Z. 511/513**

Für den *nu = Schnell-Drehenden* wird eine *zungenähnliche Konstruktion* beschrieben. Während es in Z. 513 nicht um einen sagenhaften Arabu-Vogel geht, wie von den anderen Übersetzern phantasievoll behauptet, sondern um *$u_4$-$ra_2$-bu = das „Licht“, das zum Ablöschen gebracht wird.*

**TH 42**

Bei ZI ist die Umschrift bis auf einen Punkt nicht verwertbar und der ist ausschlaggebend für die Gesamtinterpretation dieser Hymne. KJ liefern eine glatte Umschrift ohne allzu viel Varianten, SB quillt mit Varianten über. Hinzu kommt, dass ich durch eigenes Lesen der gelieferten Keilschriftkopien punktuell festgestellt habe, dass die Keilschrift-Lesung von SB nicht fehlerfrei ist (siehe [11], S. 235 – 237).

Ausschlaggebend für die Gesamtinterpretation waren Hinweise bei ZI, die letztlich darauf hinausliefen, an mindestens sieben Stellen des Textes stünde ein und dasselbe Keilschriftzeichen, das dann aber in den Umschriften von SB und KJ mal als *eresh*$_2$, mal als *NI.SA.BA*, mal als *naga* gefunden werden kann. Das Zeichen nenne sich *elteg*. In [11], S. 231 – 233, wird herausgearbeitet, dass es um *EL-TE-IG* geht (vgl. Zeichen 165 bei [3]). Auf Umwegen konnte dann ermittelt werden, dass es sich um *Karbid* handelt.

Die Hymne ist denn auch dem Tempel in der Karbid-Stadt Eresh gewidmet und seiner Herrin $^{d}$*NAGA, (Die mit dem Karbid),* fälschlicherweise bei den drei klassischen Bearbeitern als eine *NI.SA.BA* präsentiert.

**TH 42, Z. 529**

In [11] hatten wir für das Zeilenende eine Übersetzung gewählt, die offen ließ, ob für Fluggerät Einzahl oder Mehrzahl vorliegt – doch hatten wir darauf verwiesen, dass vielleicht mit einer Einzahl ein Gegensatz zu den zahlreichen *„Skorpionen“* der Z. 530 vorliegen könnte. Angesichts der offensichtlichen Schwächen des vorliegenden Textes und seiner Umschrift vermuten wir nun, bei dem *bad* am Ende der Zeile fehle die

Fußzahl 3, weshalb wir ein *Wegschwebendes = „Licht“* gefunden hätten. Eine Variante besagt zudem, der Tempel sei *shu-mu-un* gewesen, wofür man *oben ausgeweitet* setzen darf. Dann aber gilt für das Ende der Zeile

> (Tempel) ... *oben ausgeweitet für das* ***Wegschwebende = „Licht“***

von dem uns ja an vorhergehenden Stellen der Tempelhymnen mehrfach berichtet worden ist, dass es in normal gebaute Tempel von oben wegen seiner Größe nicht hineinfahren konnte.

**TH 42, Z. 541**

Der Text beginnt gemäß SB und KJ mit ***an-ne₂***, für das weiter vorne abgeleitet worden ist, dass es sich um den „***Oben-Glänzer***“ handelt, das *Azetylen-Ding am Firmament, den „Umwölkten.*

Sodann stechen verbale Aussagen in die Augen, die mit *ra-ra, ra-ra* deutlich lautmalerisch Getöse andeuten. Als Übersetzung bieten sich an: *zerschlagen, kneten, zerbrechen, losdreschen auf, erzittern lassen, durchkneten, wegtreiben, hochsteigen* usw. Die Wiederholung kann eine Verstärkung andeuten. Für *kush₃* werden *Gussform*, *Mulde* oder *Lager* oder ähnliches in der Literatur erwähnt. *ESH₂* lässt keinen Sinn erkennen, weshalb wir die Variante *shu = durchstoßen, durchlöchern* vorziehen. So ergibt sich denn etwa

Z. 451: *Der „Oben-Glänzer" drescht wegtreibend/ aufsteigend auf seine Lagermulde ein, durchlöchert und knetet die Stelle/Erde.*

Damit schließt der Berichtstext. Es folgt: *Gelobt sei $^{d}$NAGA* und dann der Hinweis auf Encheduanna als Verfasserin der Hymnen.

## Orbitalstation *„Himmel"*

Der aufmerksame Leser wird bemerkt haben, welche unterschiedlichen deutschsprachigen Bedeutungen in vorstehender Untersuchung dem sumerischen Keilschriftzeichen *AN* gegeben worden sind. Es wurde als *Himmel, „Himmel", Firmament, oben, der Oberste* übersetzt, als *Oberster AN* der *Dingir* gesehen oder als hochgestelltes $^{d}$ zur Kennzeichnung von *Dingir*-Persönlichkeiten benutzt. Ausschlaggebend für eine sachgerechte Deutung war der jeweilige Satzzusammenhang bzw. der Gesamttext.

Klassische Sumerologen könnten im Hinblick auf den *„Himmel"* einwerfen, für eine solche Orbitalstation gäbe es keinen Beweis. Dem könnte man aber sofort entgegenhalten, dass in vorstehender Untersuchung nur die Annahme der tatsächlichen Existenz eines Orbitalvehikels es möglich machte, die Zeilen 171,190, 200, 248, 263 usw. **logisch** in die Gesamtschau einzugliedern.

Wem die einfache Logik als Argument nicht genügt, dem kann auch geholfen werden. Was anderes als eine Raumstation könnte es gewesen sein, das als *MIN* =

*„Oben Seiendes“* und als *GISH = „Gerät“* einen *Mund* hatte, über den man mit *„Licht“* oder *„Glänzer“* in das *Innere* zu einer *zweckgerechten Lagerstätte* kommen konnte, um *Gaben* für die Erde zu laden?

Und: Es ist Bernd Grathwohl und dem Verfasser dieses A.A.S.-Research Papers in „Pyramiden, Flut und Wiedergeburt“ [4], S. 153 – 167, doch gelungen, die „Himmelstreppe“ der altägyptischen Hieroglyphentexte, identisch mit der „Himmelsleiter“ des Alten Testaments, auf der Arabischen Halbinsel zu lokalisieren. Die Plattform auf dem Jabal as Saysad mit der *Zerschlagenen Basis der Entscheider*, die auch als *Verbrannte Stelle der Landungsleute = Dingir* begriffen werden darf, hatte nur dann ihre Existenzberechtigung, wenn auch das Gegenstück oben, *MIN = GISH = AN = „Himmel“*, real war.

Auch für Sumer wird über eine *Verbindung* zwischen Erde und Raumstation berichtet, die irgendwie *dauerhaft* war. In TH 19, Z. 231, für die unterschiedliche Lesungen und abstruse Übersetzungen vorliegen, geht es letztlich um ein *Gebäude*, in dem *zerkleinert* und *gepresst* wird für

*an ki a shid₃ da.*

Aus dem Zusammenhang geht hervor, *dass Steine zerkleinert werden* und höchstwahrscheinlich *Öl gepresst* wird. Wozu? ... *für die zwischen Erde und „Himmel“ existierende Aufstiegslinie.* In [10] war diese Aussage eingedeutscht worden mit *zwischen „Himmel“ und Erde existierender „Pfad“.* Da es eine *Auf-*

*stiegslinie/„Pfad"* gab, muss es auch einen *„Himmel"* gegeben haben. Nicht umsonst berichten, wie eben angedeutet, TH 15, Z. 190 bzw. 191, von einem *Oben-Gerät*, dem *Großen Ort des Überflusses*, bei dem *etwas wie eine Falle zum Landen zugeteilt wird.*

Noch andere uralte Beweistexte gewünscht? Ach ja, die Veröffentlichung „NIBIRU gesucht – Raumstation HIMMEL gefunden" [5] bringt zusätzlich zu den Fakten und Überlegungen, die zu Abbildung 1 betreffend den Umlauf des Orbitalvehikels um den Erdäquator geführt haben, auf den S. 124 – 152 vierzehn nach Zeit und Ort verschiedenartige Keilschrift-Fundstellen aus Sumer und Akkad, gemäß denen ***mul-an***, das ***sprinkelnde Himmelsobjekt des AN***, noch eine andere sumerische Bezeichnung, eine **Raumstation** war.

Schließlich kann man auf dem Siegelzylinder VA 00243 aus dem Vorderasiatischen Museum in Berlin unter gewissen Annahmen die Orbitalstation abgebildet finden.

## Siegelzylinder VA 00243 mit Orbitalstation *„Himmel“*

*Abb. 9:*
*Seitengerechte Abrollung des Siegelzylinders VA 00243 des Vorderasiatischen Museums Berlin. Quelle: Archiv Dr. Burgard und Abb. 5 in [5]. Die Interpretation ist umstritten – bei neueren Abrollungen fehlt sogar der Punkt in der Mitte oben. Gemäß meiner Deutung zeigt der sitzende hohe Dingir mit Wickelrock auf das vor ihm schwebende Symbol eines Pflugs, d. h. eines Firmament-Durchpflügenden, eines Raumgleiters, auf dem Weg zum oben links dargestellten mul mul, dem sog. Sonnensystem der Sumerer. Dessen Zusammensetzung wird unten in Abb. 10 in einer Vergrößerung kommentiert. Der Mittelpunkt des Siegelabdrucks ist die inzwischen verschwundene „Kugel“, die die Orbitalstation „Himmel“ als Ziel des Durchpflügenden/Raumgleiters angibt.*

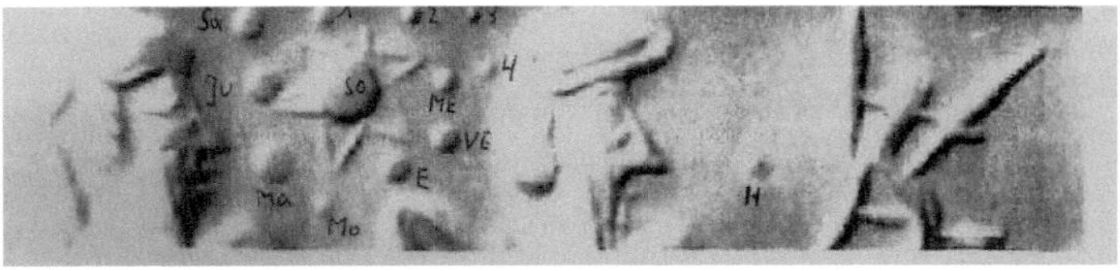


*Abb. 10*
*Denkbare Zuordnung der Himmelskörper gemäß der sumerischen Sicht*
*H = „Himmel", ME = Merkur, VE = Venus, E = Erde, Mo = Mond, Ma = Mars, Ju = Jupiter, Sa = Saturn, 1,2,3 und 4 = damals bekannte Jupitermonde – Es wird behauptet, zusätzliche Himmelskörper seien verdeckt ...*

## Zusammenschau

Diese Untersuchung versucht auf der Grundlage von sumerischen Keilschrifttexten Fakten zu bestimmen, welche die Geschichte der Menschheit in einem begrenzten Bereich wesentlich beeinflusst haben. Gab es einst Raumgleiter, die nicht nur im erdnahen Bereich funktionierten, sondern auch Verbindung mit einer Orbitalstation herstellten? Wenn ja, welche Eigenschaften hatten sie und wer war für ihren Betrieb verantwortlich?

Als Grundlage wurden Keilschrifttexte in sumerischer Sprache benutzt. Die zugehörigen Tontafeln stammen überwiegend aus der Zeit zwischen etwa 2.100 und 1.800 v. u. Z. Die Texte selbst lassen sich auf etwa die Zeitspanne zwischen 2.700 und 2.100 v. u. Z. datieren. Dies bedeutet, dass zwischen ihrer ersten Niederschrift und der uns überlieferten Keilschriftfassung normalerweise mehrere Jahrhunderte vergingen. So schrieb z. B. die Hohepriesterin Encheduanna ihre Hymnen etwa vor 4.300 Jahren, während die überkommenen Fassungen frühestens auf Tontafeln von ungefähr 2.100, meist aber von um 1.800 v. u. Z. stammen.

Zwischen erster Niederschrift und gefundener Fassung ist so sehr viel Raum für Veränderungen der ursprünglichen Aussagen. Bewusste Verfälschungen aus religiösen oder politischen Erwägungen können nicht ausgeschlossen werden und lassen sich sogar nachweisen. Weitergegeben wurden die Texte durch Kopieren, teilweise nach Diktat. Hörfehler und Verständnisfehler waren nicht zu vermeiden – letztere insbesondere dann, wenn der Inhalt technologische Zusammenhänge oder Details betraf, die – über Jahrhunderte hinweg – allgemein in Vergessenheit geraten waren.

Bleibt noch das Problem der Übersetzung aus einer toten in eine moderne Sprache. Selbst wenn die Keilschriftzeichen eindeutig lesbar sind, hat ein einzelnes Zeichen auf Sumerisch oft mehrere recht unterschiedliche Wortbedeutungen. Jedes der verschiedenen sumerischen Worte, die zu einem einzigen Zeichen gehören können, kann dann aber in moderner Sprache selbst noch mehrfache Aussagen bringen.

So ist es denn kein Wunder, dass der eine dies und der andere das übersetzt. Sprachtechnisch gesehen ist beides nicht auszuschließen. Aber die Übersetzung muss, um sachgerecht zu sein, auch in den kleineren

Kontext und den größeren Zusammenhang passen! Und da fangen die Probleme an, weil es außerhalb staatlicher Institutionen – wie Universitäten oder Forschungsinstitute – grundsätzlich keine Sumerologen gibt und die so öffentlich Beschäftigten praktisch in einem technikfernen Denken erzogen werden. So können sie technologische Inhalte sumerischer Texte nicht erkennen oder nur schwer und wählen **gängige und erlaubte** Übersetzungen aus, die in ihr Kultdenken passen, jedoch für den technologischen Kontext und Gesamtzusammenhang **nicht sachgerecht** sind.

Beim Zwischenabschluss meiner Betrachtungen zu [6], dem Artikel von Dr. Kamran Zand „Zu den Schreibungen des Anzu-Vogels in der Fara-Zeit", habe ich die bisherigen deutschsprachigen Bedeutungen zusammengefasst, welche er und die im orthodoxen MSZ [14] umfassend gesammelte Literatur einem Firmament-Phänomen ***IM.DUGUD*** mit ***Anzû-Vogel/ „Götterkeule"/Lehmbrocken/muru$_x$/mythischer Vogel/Wetterwolke/Wirbelsturm/Schleuderstein usw.*** geben. Nach der zusätzlichen eingehenden Betrachtung des sumerischen Textes der „Tempelhymnen" der Priesterfürstin Encheduanna zeigt sich nun, dass das Firmament-Phänomen umfassender und anders gesehen werden muss und einige Typisierungen möglich und notwendig sind.

Bevor an einer derartigen Typisierung gearbeitet werden kann, muss indessen ein Begriff angesprochen werden, der sehr früh auftaucht und zu Verwirrung führen kann. Es handelt sich um *MU.UN*, das man mit

*Oben Lärmender / Oben Aufleuchtender* eindeutschen kann. Damit war ursprünglich kein bestimmter Flugapparate-Typ gemeint, sondern **alle** oben lärmenden fliegenden Dinge.

*MU.UN* wird in späteren Texten zusammengezogen (in der Linguistik als Schmelzwort oder Kontraktion bekannt) und so als *MUN* gehört und geschrieben. Dies lässt sich wahrscheinlich so erklären, dass die Keilschriftschreiber folgender Generationen den Wortklang nur noch aus der mündlichen Weitergabe kannten. Parallel ging die ursprüngliche Bedeutung verloren und volkstümlich erfolgte gedanklich eine Gleichstellung von *mun mit „Skorpion"*,wobei darunter nun doch ein bestimmter Flugapparte-Typ erfasst wurde, der wie dieses Tier als gefährlich, ja todbringend galt.

Zum höchstwahrscheinlich technisch einfachsten Apparate-Typ gehörten nämlich die in Mehrzahl für Sumer und Akkad berichteten ***mun = „Skorpione"***. In manchen Texten werden sie in einem Atemzug mit ***lam = „Brenner"*** angesprochen, ohne dass geklärt wird, ob Identität besteht. Im Rahmen der hiermit vorgelegten Untersuchung wurde über sie auch berichtet, sie hätten zur Flucht vor den Wassern einer großen vorgeschichtlichen *zerstörerischen Flut* gedient und *Dingir bis an den Rand des „Himmels" befördern können,* d. h. bis zur Orbitalstation der *Dingir*. Das setzt die Fähigkeit für einen – vielleicht begrenzten – Raumflug voraus. Die Eignung der *„Skorpione"* oder *„Brenner"* zum Raumflug dürfte durch Berichte unterlegt werden, dass sie *mit der Technik des „Glänzers“* (siehe nachfolgende Apparate-Art) *ausgestattet* werden konnten. Auch soll ein *„Skorpion“* einst in großer Höhe einen mit 50 *Dingir* besetzten Flugapparat unbekannter Bauart angegriffen haben – was zudem eine gewisse Waffenfähigkeit voraussetzt. Wir haben oben Hinweise erwähnt, wonach *„Skorpione“* **auf der Erde** gebaut worden sind. Ob ursprünglich einige Exemplare aus dem *„Himmel“* angelandet worden waren, bleibt offen. Für sie werden immer nur Wasserlandungen berichtet und keine Aufstiege vom Land aus. Mit Hilfe einer *Abstimmung von Weisungen* diente eine Mehrzahl auch dazu, am Firmament eine Art Sicherheitsnetz über Sumer zu errichten.

Als zweite Apparateart lässt sich ein insektenähnlicher Typ mit Flügeln herausschälen, den ich *„Glänzer“* genannt habe, weil immer wieder sein *blaumetallisches Aufleuchten* betont wurde. In Keilschrift wurde er ab einer nicht ganz bestimmbaren Periode (Ur III, Gudea?) mit den Zeichen *IM* und *DUGUD* geschrieben und in seinem Wesen technisch nicht mehr zutreffend erkannt. Entweder handelte es sich, wie oben näher dargelegt, um ein falsches Hörverständnis beim Diktat von *IM.DU.GUD* oder um eine Fehllesung von *IM.MI*, da sich das Zeichen von DUGUD nur durch einen kleinen waagerechten Strich vom Zeichen von MI unterscheidet. Von einer Mehrzahl ist nichts bekannt. Als *„Herkunft“* wird eindeutig die Orbitalstation *„Himmel“* genannt, in deren *Mitte* Lager- und Überholungsmöglichkeit für ihn bestand. Immer wieder wird betont, dass er mit Karbidgas/Azetylen angetrieben worden ist. Er hatte Stauraum und konnte *„Gaben“* und *ME* von der Raumstation *„Himmel“* zur Erde bringen. Er verbreitete weithin *Angst und Furcht,* weil er immer wieder als *Waffe* eingesetzt worden ist. Gebäude konnte er *zerstören* oder *zerschmelzen*, die Feinde *ausdünnen, verbrennen, zerschlagen*. Er konnte sowohl auf dem Land in Bauten hineinfahren, außerhalb von diesen landen oder auf dem Wasser ruhen – ein Amphibium!

Gefundene sumerische Bezeichnungen und ihre deutsche Bedeutung werden unten zusammengefasst in einer Übersicht.

Der dritte und größte Raumgleiter wird hauptsächlich als $u_4$ *= „Licht“* benannt, häufig auch als *ud*. Er wird als größer als der *„Glänzer“* beschrieben und konnte wegen seines Umfangs auf der Erde in normale *Dingir*-Bauten nicht einfahren, weshalb u. a. ein spezieller *Rundbau* erwähnt wird. Er hatte die Form einer *runden Schüssel/runden Schale* und war aus *bläulichem Glanzmetall.* Die sumerische Art der Formulierung der Zeilen 9 und 64 der „Tempelhymnen“ könnte die Bewohnbarkeit herausstellen wollen, womit das *„Licht“* als normales Raumtransportmittel für *Dingir*-Persönlichkeiten abgestempelt würde. Entsprechende Berichte sind zu finden. Seine Landungen auf der Erde gingen normalerweise aufs Wasser, während der Start normalerweise auf Land und aus schalenartigen Konstruktionen aus gebrannten Tonsteinen oder Metall erfolgte. Nach einer Landung wurde das *„Licht“ angedockt* oder *festgelegt*. Es verließ die Wasseroberfläche aus eigener Kraft und konnte *bis zum Lagerplatz vorrücken.* Für den Aufstieg zum *„Himmel"* war dem Raumgleiter gemäß TH 19, Zeile 231, *ein existierender Pfad* vorgegeben, d. h. eine Standardroute.

Sumerische Bezeichnungen und ihre deutsche Bedeutung werden nachfolgend zusammengefasst in einer Übersicht.

## Sumerische Lesungen und deutsche Bedeutungen für das *„Licht"*

| Lesung | Quelle | Übersetzung |
|---|---|---|
| *$BAD_3$ $GIN_2$ gal* | TH 1, Z. 8 | wegschwebende konstruierte große Schale |
| *Dingir $til_3$* | TH 1, Z. 9 | Dingir – Bewohntes |
| *$pirig_3$ -gal* | TH 7, Z. 91 | großer Glänzender |
| *$bur_2$* | TH 12, Z. 165 | Schale |
| *UD.UD* | TH 13, Z. 170 | hell Leuchtender (Stier?) |
| *NI-esh* | TH 13, Z. 171 | etwas Leuchtendes/ Das Leuchtende |
| *ma $sila_3$* | TH 13, Z. 172 | mächtige Schale |
| *$kur_2$ gal/$gur_2$ gal* | TH 14, Z. 179 | großes Behältnis/große Schale |
| *$GAR_3$* | TH 15, Z. 187 | „Licht" |
| *$gar_3$* | TH 15, Z. 187 | Maßeinheit/Schale/ „Licht" |

| | | |
|---|---|---|
| *gish-ban$_2$-da* | TH 15, Z. 190 | Neben den „Himmel" Gehender |
| *nu ug* | TH 16 | schnell drehendes „Licht" |
| *BAN.AN.NA* | TH 16 | Himmelsbogen |
| *kul* | TH 16, Z. 198 | Schale/Schüssel |
| *gu$_4$* | TH 16, Z. 200 | Flugstier |
| *AN.NI* | TH 16, Z. 202<br>TH 26, Z. 319 | Leuchtendes des AN<br>Oben Leuchtendes |
| *ni$_3$-bur/nig$_2$-bur* | TH 16, Z. 204 | etwas wie eine Schale/ ein Schalen-Ding |
| *ushumgal* | TH 16, Z. 206 | Großdrache |
| | TH 26, Z. 322 | Großdrache |
| *ni$_3$/nig$_2$ gar-ra* | TH 18, Z. 222 | Ding das Verbindung ermöglicht (könnte auch ein „Glänzer" sein) |
| *sug$_{10}$ – kal* | TH 18, Z. 224 | große konstruierte Schale |
| *NU* | TH 20 | das Schnell-Drehende |
| *BURxLA* | TH 20 | Überfluss-Schale |
| *mu-du$_{10}$-ga* | TH 21, Z. 263 | herrlich gestalteter Flugapparat |
| *NU-MU-UN* | TH 21, Z. 263 | Oben Schnell Drehender Lärmender |
| *Ni$_3$ UD.UD* | TH 26, Z. 323 | hell leuchtendes Ding |
| *giri$_{17}$ - zal* | TH 27, Z. 330 | Lärmend Leuchtender |

| | | |
|---|---|---|
| *an-ne$_2$* | TH 29, Z. 366 | Oben Leuchtendes |
| | TH 29, Z. 371 | Oben Leuchtendes |
| | TH 30, Z. 379 | Oben Leuchtendes |
| *utul* | TH 37, Z. 469 | Schüssel/Schale |
| *UN.NU.KIB* | TH 38, Z. 479 | Oben schnell drehender „Vogel" |
| *mul* | TH 38, Z. 480 | Sprinkelndes = *„Licht"* |
| *shesh* | TH 39, Z. 498 | Stinkendes |
| *NIM.KAB* | TH 40, Z. 507 | „Himmels"-Scheibe |

## Sumerische Lesungen und deutsche Bedeutungen für den *„Glänzer"*

| Lesung | Quelle | Übersetzung |
|---|---|---|
| *AN.MI* | Zang | Firmament-"Vogel"/ „Vogel" des *AN* |
| *AN.NI$_2$.MI* | Zang | Azetylen-Firmament-„Vogel"<br>Azetylen-"Vogel" des AN |

Beide Lesungen werden später durch den Indikator $^{mushen}$ ergänzt gefunden, womit unterstrichen werden sollte, dass Flugfähigkeit vorliegt.

| | | |
|---|---|---|
| *ni$_2$-chush* | TH 5, Z. 68 | furchterregendes Azetylen-Ding |
| *ni$_2$* | TH 7, Z. 88 | Azetylen-Ding |

| | | |
|---|---|---|
| *IM.DUGUD* | TH 10, Z. 136 | gewichtiges Azetylen-Ding (?) |
| *im-dugud* | TH 10, Z. 136 | gewichtiges Azetylen-Ding (?) |
| *IM.DUGUD = IM.MI* | TH 20 | Gas-„Vogel"/Azetylen-„Vogel" |
| *IM.DU.GUD* | TH 20 | Azetylen getriebener Löwe |
| *muru*$_{(X/9)}$ | TH 10, Z. 136 | Umwölktes/Umwölkter |
| *PIRIG* | TH 10, Z. 141 | „Glänzer" |
| *NE / ne* | TH 14, Z. 179 | Feuriger = „Glänzer" |
| *sha* | TH 17, Z. 212 | „Vogel" |
| *A*$_2$ | TH 17, Z. 214 | Adler |
| *an-BAD*$_3$ | TH 17, Z. 215 | Nach-oben-Wegschwebender (könnte auch das „Licht" meinen) |
| *PA ku*$_3$ | TH 18, Z. 226 | glanzmetallener Vogel/Flügel |
| *ma* | TH 19 | Schiff |
| *u*$_{18}$ *= GISH.GAL* | TH 20, Z. 255 | großes (Flug-)„Gerät" |
| *DAG. KISIM*$_5$*xGA*<br>*DAG.KISIM*$_5$*xGUD* | TH 25, Z. 306<br>TH 25, Z. 306 | dauerhaft geformter insektenartiger Niederschmetterer |
| *shu-mu-ra* | TH 25, Z. 308 | Gasgetriebenes Fluggerät |

| | | |
|---|---|---|
| *zibir ku$_3$* | TH 27, Z. 332 | glanzmetallener Heuhupfer |
| *SHI-BIR ku$_3$* | TH 27, Z. 332 | Glanzmetall-Zerstörungs-Habicht |
| *SHAR$_2$-dug$_4$* | TH 33, Z. 416 | Überfluss-Gerät/-Pott |
| *mush chush* | TH 33, Z. 418 | furchterregende Gestaltung |
| *BIR-an-na* | TH 33, Z. 422 | Firmament-Habicht |
| *ur-mach galam* | TH 34, Z. 432 | kunstfertig hergestellter Löwe |
| *a$_2$ – dar-IM* | TH 35, Z. 451 | Der zum Drehen mit Gas Konstruierte |
| *gu$_4$ -am* | TH 36, Z. 459 | Stier-„Vogel" |
| *pirig$_3$ chush* | TH 40, Z. 508 | furchterregender Leuchtender |

# Anhang I

## Was ist ein Beru?

Das **Beru** wird von der Wissenschaft bisher als babylonisch/assyrisches Längenmaß angesehen und wird unterschiedlichen **modernen** Angaben zufolge manchmal mit 10,8 km gleichgesetzt, hauptsächlich aber mit 10,5 km. Da aber auch das Beru zahlenmäßig gleich 6 SAR (= 6 x 3.600 Ellen) gewesen ist – allerdings **in sogenannten babylonischen** Ellen – muss es letztlich gleich 6 x 3.600 x 48,379 cm gewesen sein, d. h. 10,449 864 km lang. Diese Größe wurde für alle Berechnungen benutzt, die den Abbildungen 4,5 und 6 zugrunde liegen.

Wann und wo das Beru erstmals verwendet worden ist, bleibt indessen unklar. Fakt ist jedenfalls, dass - bei der Untersuchung in [4] über die Abstände zwischen den teils als vorsintflutlich bezeichneten Städten Sumers - zahlreiche Entfernungen gefunden wurden, die eindeutig in ganzzahligen Beru-Einheiten zu messen waren. Und bei der Gründung dieser Städte hat man an Babylon bestimmt noch nicht gedacht...

Von den Wortwurzeln her ist die akkadische Bezeichnung *bêru* ein Lehnwort und geht letztlich auf Sumerisch *be$_4$-ru* zurück. Das lässt sich mit *zum Unterteilen Geeignetes* übersetzen. Besseres Deutsch wäre natürlich entwaffnend einfach *Maßeinheit*.

# Anhang II

## Was ist eine Nispe?

Es handelt sich um eine vergessene sumerische Sprachform, die ich als *Nispe* bezeichnet habe.

Unter konventionellen Ägyptologen ist eine ähnliche Konstruktion unter der Bezeichnung *Nisbe* bekannt. Es geht dabei im Alt-Ägyptischen um die Bildung von Adjektiven aus anderen Wortarten, um eine *Zugehörigkeit* anzuzeigen. Eine ähnliche Konstruktion existiert im Sumerischen, ist aber bisher ohne Beachtung durch die konventionelle Altorientalistik geblieben.

**Definition:** Eine Nispe liegt im Sumerischen vor, wenn eine kurze Folge von Keilschriftzeichen nicht als reine Wortfolge zu verstehen ist, sondern – oft sogar logisch unabhängig von der internen Reihenfolge – ein (vielleicht sogar nicht ausdrücklich genanntes) Subjekt beschreibt, das *mit etwas / durch etwas / für etwas / an etwas / in etwas* oder *gemäß etwas handelt* oder, insbesondere wenn es um eine Sache geht, entsprechend *verbunden* ist. Diese Deutungsweise geht auf die Anfänge der Schrift zurück, als die Reihenfolge der Zeichen noch nicht obligatorisch logischen Gesetzen folgte und noch keine Präfixe oder Suffixe Verwendung fanden.

### Benennung

Wenn diese sumerische Sprachform von mir zur Differenzierung nicht als *Nisbe* sondern als *Nispe* bezeichnet worden ist, dann geht dies auf eine Übersetzung aus dem Arabischen zurück. Denn der Grundgedanke der Konstruktion stammt aus dem Arabischen. Ägyptologen schreiben das entsprechende arabische Wort im Englischen mit weichem b, während ich es für den sumerologischen Gebrauch auf Deutsch mit einem harten p präsentiere.

**Drei Beispiele**

*NIN* kommt ursprünglich von *NI.IN.* Das *NI* kann gleich *strahlend/ leuchtend* gesetzt werden, das nachfolgende *IN* macht daraus ein Nomen, d. h. *der/das Strahlende/der oder das Leuchtende.* Daraus wird als Nispe: *Jemand mit einem Strahlenden/mit einem Leuchtenden.* Oder noch konkreter: *Jemand, der sich mit etwas Leuchtendem/Strahlendem bewegt ...* Vielleicht wird damit verständlich, weshalb *NIN* eine weibliche oder männliche Bedeutung haben kann.

Als zweites Beispiel drängt sich die Bedeutung des Namens Encheduanna auf. Als Nispe: *Jemand, der mit dem Herrn der vollkommenen himmlischen Gaben verbunden ist.* Der entsprechende *Herr* ist der *Dingir Nanna.* Da es sich um den bei der Priesterweihe gewählten Namen handelt, wird daraus, wie von mir in [10] herausgearbeitet, der Weihename *Die dem Herrn der vollkommenen himmlischen Gaben Geweihte.*

Der *Dingir En.lil* ist auch als $^{d}$*Im.du.gud* in der Literatur zu finden. Diese Nispe besagt *der mit dem IM.DU.GUD, der mit dem Azetylen-Stier/-Löwen aufsteigt/fährt* und bezeichnet ihn so als Benutzer des *„Glänzers“.*

## Abbildungsverzeichnis

# Literaturverzeichnis

[1] Burgard, Hermann: Flutheld Ziusudra. Research Papers Nr. 1, Forschungsgesellschaft für Archäologie, Astronautik und SETI, Ancient Mail Verlag, Groß-Gerau, 2020

[2] Deimel, Anton: Sumerisches Lexikon. Heft 1, Vollständiges Syllabar, Verlag des Päpstlichen Bibelinstituts, Rom, 1925

[3] Burgard, Hermann: *DINGIR* nicht „Götter" retteten die Menschen nach der Sintflut, Greifbare Beweise für ein neues Geschichtsbild. Ancient Mail Verlag, Groß-Gerau, 2022

[4] Burgard, Hermann und Grathwohl, Bernd: Pyramiden, Flut und Wiedergeburt. Books on Demand, 2020; ISBN 978-3-750441-33-0

[5] Burgard, Hermann: NIBIRU gesucht – Raumstation *HIMMEL* gefunden. Ancient Mail Verlag, Groß-Gerau, 2016

[6] Zand, Kamran V.: Zu den Schreibungen des Anzu-Vogels in der Fara-Zeit, in: Von Göttern und Menschen, Festschrift für Brigitte Groneberg. Cuneiform Mongraphs, Vol. 41, S. 415 – 442. Brill Publishers, Leiden, Boston, 2010

[7] ePSD; Homepage:
http://psd.museum.upenn.edu/nepsd-frame.html

[8] Zimmern, H.: Ein Zyklus altsumerischer Lieder auf die Haupttempel Babyloniens. Zeitschrift für Assyriologie und verwandte Gebiete, Bd. 39 (1930)

[9] Sjöberg, A. W./Bergmann, E.: The Collection of the Sumerian Temple Hymns. J. J. Augustin Publisher, Locust Valley, N.Y., 1969

[10] Burgard, Hermann: Encheduanna – Geheime Offenbarungen. Ancient Mail Verlag, Groß-Gerau, 2012

[11] Burgard, Hermann: Encheduanna: Verschlüsselt – Verschollen – Verkannt. Tempelhymnen Nr. 20 - 42 mit neuen Geheimen Offenbarungen. Ancient Mail Verlag, Groß-Gerau, 2014

[12] Krecher, J./Jagersma, B.: Sumerian Temple Hymns. Ursprünglich 1996, leicht weiterentwickelt bis 1999 in https://etcsl.orinst.ox.ac.uk/section4/c4801.htm

[13] Sjöberg, Ake: Der Mondgott Nanna-Suen in der sumerischen Überlieferung, I. Teil: Texte. Almquist & Wiksell, Stockholm 1960, S. 123 – 131, Das Tempellied auf das Heiligtum Ekischnugal in Ur; und: S. 137 -139, Das Tempellied auf das Heiligtum in *u-ru-um ki*

[14] Münchner SUMERISCHER ZETTELKASTEN, unter: https://www.assyriologie.uni-muenchen.de/forschung/zettelkasten/msz_2020.pdf https://www.zettelkasten.assyriologie.uni-muenchen.de/new/

[15] Langdon, Stephen, H.: A sumerian grammar and chrestomathy with a vocabulary of the principal

roots in sumerian and a list of the most important syllabic and vowel transcriptions. Librairie Paul Geuthner, Paris,1911 https://archive.org/details/ASumerianGrammarAndChrestomathy/mode/2up

[16] Sumerische Glossare und Indizes (SGI). Belegsammlung, bearbeitet von Walter Sommerfeld, Version 1.1, 2014

[17] Halloran, John A.: Sumerian Lexicon, Version 3.0, unter: https://sumerian.org/sumerian.pdf

[18] Labat, René : Un calendrier Babylonien des travaux, signes et des mois. Librairie Honoré Champion, Paris, 1965

## Die A.A.S.

Forschungsgesellschaft für Archäologie, Astronautik und SETI

*»Untersucht man die A.A.S.-Hypothese mit einer unvoreingenommenen und offenen Haltung, erkennt man bald, dass nichts in dieser Hypothese selbst den strengsten Regeln der Wissenschaft oder unserem Verständnis des Universums entgegensteht.«*

*Prof. Dr. Luis E. Navia. Philosoph, New York, USA*

Seit über 50 Jahren diskutieren Forscher, Autoren und interessierte Laien die Hypothese vom Besuch aus dem All. Weltweit ist die Akzeptanz für diese Annahme enorm gewachsen. Denn mit dem Aufbruch des Menschen in den Weltraum hat sich auch unser aller Bewusstsein über die Stellung des Menschen im Universum verändert. Unsere Gedanken sind offener geworden. Die Hypothese vom Besuch aus dem All hat zunehmend an Konturen gewonnen und ein konkretes Forschungsinteresse ist entstanden, so dass sich Tausende in aller Welt zu einer eigenen Forschungsgesellschaft zusammengeschlossen haben: der A.A.S.

Die Idee von «Paläo-SETI» eröffnet neue Möglichkeiten, bislang rätselhafte Ereignisse unserer Vorgeschichte zu betrachten und anders als bisher einzuordnen. Die Forschung der A.A.S. reicht weit in die Tiefen unserer Vergangenheit. Es geht um archäologische Rätsel, um uralte Schriften und um mythologische Überlieferungen aus einer weit zurückliegenden Epoche.

Die A.A.S. ist eine Gesellschaft nach Schweizer Recht; ihr Gründer ist Erich von Däniken. Parallel hierzu existiert die amerikanische Schwestergesellschaft A.A.S. R.A. (Archaeology, Astronautics & SETI Research Association), deren Chairman Giorgio A. Tsoukalos (bekannt aus der amerikanischen TV-Dokumentation „Ancient Alien“) ist.

Zweck der A.A.S. ist es, einen anerkannten Beweis für historische und/oder prä-historische Besuche Außerirdischer auf unserer Erde zu erbringen.

**Werden Sie Mitglied in der A.A.S.!**

**Erforschen auch Sie die großen Mysterien unserer Welt.**

A.A.S.: Postfach, CH-3803 Beatenberg

A.A.S. R.A.: P. O. Box 29075, San Francisco, CA 94129, USA

www.sagenenhaftezeiten.com oder

legendarytimes.com

**Weitere Literatur** zu diesen interessanten Themen finden Sie im Verlagsprogramm des Ancient Mail Verlags:

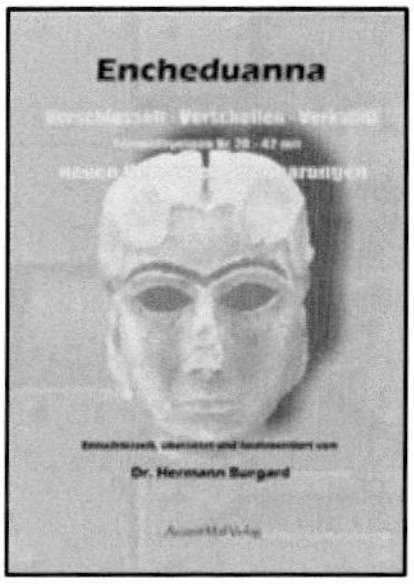


**Dr. Hermann Burgard**

## Encheduanna

**Verschlüsselt – Verschollen - Verkannt**

**Tempelhymnen Nr. 20 – 42 mit neuen Geheimen Offenbarungen**

**Entschlüsselt, übersetzt und kommentiert von Dr. Hermann Burgard**

ISBN 978-3-95652-089-1, Paperback, Din A5, 326 Seiten, **€ 17,80**

Das älteste namentlich gezeichnete Dokument der Weltgeschichte berichtet in Sumerisch etwa um 2.300 vor unserer Zeitrechnung von einer Besatzungsmacht, die lange vorher aus einer „Oben-Gerät" oder „Himmel" genannten Raumstation herabgestiegen war.

Encheduanna, die Autorin der modern „Tempelhymnen" genannten Texte, war eine doppelte Hohe Priesterin und sumerische Königstochter. Als oberste Repräsentantin des Staatskultes herrschte sie über Tempel und Tempeldienst. Wenn es Tempel und Tempeldienst gab, kann kein vernünftiger Mensch annehmen, erste Tempel und erster Dienst seien in einer fernen Vorzeit gewissermaßen aus sich heraus ohne Grund und Zweck entstanden. Am Anfang müssen reale Ereignisse und treibende Kräfte gestanden haben.

Encheduanna teilte der Nachwelt ihr Einweihungswissen über Persönlichkeiten, Taten und Technologien der Dingir /DI.IN.GIR = „Entscheider die sich mit Fluggeräten bewegen" verschlüsselt mit. Beinahe 4.000 Jahre war dieses Wissen verschollen, irgendwo vergraben auf mit Keilschriftzei-chen bekritzelten Tontafeln. Als man dann in der ersten Hälfte des zwanzigsten Jahrhunderts die Tafelstücke langsam zusammenklaubte, wurde ihr Inhalt zunächst verkannt. Man glaubte, Götter-Folklore entdeckt zu haben, statt den wahren Inhalt zu ahnen:

Übermächtige Befehlsgeber aus einer Raumstation organisierten sich mit modernster Technologie bei einem auserwählten Volk auf der Erdoberfläche einen Freiraum. Unbotmäßigkeit wurde bestraft, Feinde wurden vernichtet oder zu todbringenden Sklavendiensten deportiert. Die Eingeweihte beschreibt dabei mit erstaunlichen Einzelheiten viele Techniken, die wir in den letzten anderthalb Jahrhunderten als bisher unerreichten Fortschritt gefeiert haben oder die heute gerade erst angedacht werden, aber noch nicht verwirklicht sind ...

**A.A.S. Research Paper Nr. 1**

**Dr. Hermann Burgard**

## Flutheld Ziusudra

**Ziusudra war nach der Flut nicht König in Dilmun, sondern im „Land der Steinbrüche und Karbid-Brennöfen"**

**Mit einem Vorwort von Erich von Däniken**

ISBN 978-3-95652-286-4, Taschenbuch, 76 Seiten,
9 s/w-Abbildungen, **€ 10,70**

Prof. Poebel hat 1914 in seinen „Historical Texts" eine Keilschrifttafel übersetzt, die seiner Ansicht nach einen König Ziusudra nach der Großen Flut als Retter der Menschheit darstellte. Er deutete, selbst etwas zweifelnd, offensichtlich aus einer frühen Keilschriftperiode stammende Zeichen als dilmun. Über einhundert Jahre hat nicht nur niemand diese fragwürdige Umschrift hinterfragt, vielmehr haben Generationen von vertrauenswürdig geltenden Forschern versucht, die genaue Lokation dieses Dilmun zu finden. Letztlich einigte man sich auf das antike Königreich Bahrain mit der gleichnamigen Hauptinsel im Arabischen Meer.

Die vorgelegte Untersuchung führt diese Ansicht ad absurdum. Eine genaue Analyse der fraglichen Textstelle zeigt stattdessen, dass die Ortsangabe die Gegend der Kalksteinbrüche um die 11.600 Jahre alte monolithische Stätte Göbekli Tepe in der Türkei bezeichnet.

Damit wird nicht nur die Arbeit bisher vertrauenswürdiger Altorientalisten zunichte. Vielmehr wird anhand von tatsächlich „greifbaren" archäologischen Findungen bewiesen, dass auch eine andere, wichtigere Grundsatzbehauptung der Sumerologie sich nicht länger halten lässt: Bisher wurde einmütig von allen Lehrkanzeln die These verkündet, die in sumerischen, akkadischen, babylonischen und assyrischen Keilschrifttexten zu findenden Dingir, Wesen mit überragenden technischen Eigenschaften, seien lediglich religiös zu begründende „gedankliche Ausformungen menschlicher Hirne" gewesen. Doch: Konnten „gedankliche Ausformungen" fliegen? Hatten sie „Hin-und-Her-Verkehr" mit einer Orbital-Raumstation? Benötigten sie Azetylen für ihre Flugapparate? Brauchten diese Dingir neben Oberflächen-Erdöl den Kalksteinbruch zur Erzeugung des effizienten Brenngases Azetylen?

Wissenschaftlich fundiert beleuchtet Dr. Hermann Burgard mit außerordentlicher Sachkenntnis eine spannende Frage der Weltgeschichte.

**A.A.S. Research Paper Nr. 2**

**Lars Fischinger**

## Nazca und der "Flughafen der Außerirdischen"

### Auf der Suche nach dem Mythos vom "UFO-Flughafen in Peru"

ISBN 978-3-95652-294-9, Taschenbuch, 180 Seiten, 20 s/w-Abbildungen, **€ 14,90**

Die Ebene von Nazca in Peru mit ihren Linien und Geoglyphen ist weltberühmt: ein riesiges Rätsel aus unserer Vergangenheit.

Interpretiert wird Nazca nicht nur von Archäologen, sondern auch von Forschern der Paläo-SETI (Prä-Astronautik), für die die etablierte Archäologie „nicht viel übrig hat". Aus einem einfachen Grund: Erich von Däniken, der mit seinen Büchern ab 1968 die Ebene von Nazca weltberühmt machte, bringt sie mit Außerirdischen in Verbindung. Mit jenen „Göttern", die laut globalen Mythologien einst vom Himmel kamen.

Diese Astronautengötter seien der Grund – der Ursprung – für die Bodenzeichnungen in der Wüste, heißt es. Schnell wurde daraus vonseiten der Kritiker die Aussage gemacht, Nazca sei ein „UFO-Flughafen" oder seien „Landebahnen für Außerirdische" gewesen, ein „Cosmic Airport".

Stimmt das aber so, wie es in nahezu jeder noch so kleinen Publikation zu Nazca zu lesen ist?

Was genau sagt Erich von Däniken als „Vater" dieser Idee über das Rätsel von Nazca? Und was schrieben andere Autoren aus dem Bereich UFO-Forschung und Prä-Astronautik zum Teil Jahre vor und auch nach ihm dazu? Wer sagte wann was genau in den ersten Tagen der Prä-Astronautik und trug so maßgeblich zum Mythos Nazca bei?

Lars A. Fischinger hat sich auf Spuren- und Quellensuche begeben und beleuchtet im Detail, wie sich der anscheinend unauslöschbare Mythos vom „Flughafen für Außerirdische" entwickelte.

**Dr. Hermann Burgard**

## NIBIRU gesucht – Raumstation HIMMEL gefunden

**Uralte Keilschrifttafeln offenbaren verwirrende Erkenntnisse über die Entstehung unserer Zivilisation**

ISBN 978-3-95652-179-9, Paperback, Din A5,
169 Seiten, 14 zum Teil farbige Abbildungen, **€ 16,90**

Millionen Menschen glauben, in grauer Vorzeit habe ein Planet NIBIRU (oder so ähnlich) zeitweilig unser Sonnensystem besucht und diesem seine jetzige Form verpasst. Er komme eines Tages aus dem „Außenraum" wieder. Auf der Suche nach diesem behaupteten Eindringling werden in diesem Buch alle bekannten Keilschriftstellen überprüft, an denen eine ähnliche Bezeichnung aufscheint. Es kommt ans Tageslicht, dass auf der Basis der fehlerhaften Übersetzung eines deutschen Professors und der eingestandenen „nächtlichen Eingebung" des Erfolgsautors Sitchin ein modernes Märchen entstanden ist. In keinem sumerischen, babylonischen oder assyrischen Keilschrifttext ist die Spur eines derartigen Planeten oder Sterns zu entdecken. Stattdessen stößt man auf einen Né-bé-ru oder so ähnlich. Das aber bedeutet auf Babylonisch/Assyrisch „Fähre" und spricht das Verbindungsschiff an, das gemäß den „Tempelhymnen" der sumerischen Priesterfürstin Encheduanna zwischen der vorzeitlichen Raumstation „Himmel" und der Erde verkehrte. Als Pilot dieses „Gerätes" erscheint in den Keilschrifttexten ein Dingir Né-bé-ru, Der mit der Fähre. Dieser erweist sich als Persönlichkeit aus Fleisch und Blut von der Befehlsebene einer vorzeitlichen Besatzungstruppe, die von den Sumerern Entscheider/Befehlsgeber, die sich mit Fluggeräten bewegen" genannt wurde. In einer der untersuchten uralten babylonisch/assyrischen Quellen wird diesem Piloten und seiner Weltraum-„Fähre" ein „Raum" zugewiesen, der an ein „Anu-Band" angrenzt. Dieses „Band des Anu" (sumerische Bezeichnung: „Weg des An") wird anhand anderer uralter Quellen als Umlaufbahn der vorzeitlichen Raumstation um den Erdäquator erkannt. Deren konkrete Lokalisierung erfolgt mit Hilfe einer computergestützten Berechnung in Analogie zur modernen Internationalen Raumstation. Die vorzeitliche Raumstation wird auf ihrem antiken Überlieferungsweg dann bis zum Himmel Abrahams und Jakobs verfolgt. Mehr als ein Dutzend neu übersetzte Keilschrifttexte aus den verschiedensten sumerischen Zeiten und Gegenden bestätigen schließlich mit erstaunlichen technischen Einzelheiten die Existenz dieser Raumstation unter der sumerischen Bezeichnung mul-an, wörtlich „Himmelsobjekt des An".

**Tagungsband**

**zum One-Day-Meeting der Forschungsgesellschaft für Archäologie, Astronautik und SETI in Bad Gögging 2022**

ISBN 978-3-95652-329-8, Paperback, Din A5, 184 S., 55 s/w-Abb., **€ 12,80**

Mit den Vorträgen aller Referenten des Meetings:

StD Dipl.-Hdl Peter Fiebag: Species of Genus Homo / Dr. Ivonne Stratmann: Apokalypse Steinzeit / Désirée Neff: Das Bicolano – Pantheon der Gottheiten & Kreaturen – Philippinische Mythologie / Dr. Detlef Hoyer: Interstellares Reisen damals, heute und übermorgen / Bernd Grathwohl: Die Geometrie von Nazca – Eine neue Theorie / Werner Betz: Portale / Ricarda A. Truchseß: Sichtungen, Entführung, Verehrung? / Franz Bätz: Der Beginn des Königtums in Tibet – Tibets Kontakte zu außerirdischen Welten / Luc Bürgin: Vergessene Geschichte(n) / Dr. Dominique Görlitz: Kartographiegeschichte im Umbruch / Ramon Zürcher: Mission Sechemhet / Erich von Däniken: Abschlusswort

**Außerdem sind noch die Tagungsbände zu den One-Day-Meetings 2013, 2014, 2016 und 2017 und 2018, 2020, 2021 lieferbar.**

Mehr Informationen unter **www.ancientmail.de**

oder Mail an **ancientmail@t-online.de**